U0711810

THE COLLECTED TRANSLATIONS
OF WESTERN CLASSICS ON LEGAL LOGIC

西方法律逻辑经典译丛

熊明辉 丁 利 主编

〔美〕拉里·L.特普利 著 *Larry L. Teply*

陈 曦 译

Legal Negotiation
in a nutshell

法律谈判简论

（原书第三版）

中国政法大学出版社

2017·北京

法律谈判简论

Legal Negotiation in a Nutshell（Third Edition）
by Larry L. Teply

Copyright © LEG Inc., d/b/a West Academic Publishing

This translation *Legal Negotiation in a Nutshell 3ʳᵈ Ed.* by Larry L. Teply is published by China University of Political Science and Law Press Co., Ltd. through arrangement with LEG Inc., d/b/a West Academic Publishing.

Licensed for distribution in Mainland China Only. Not for export.

本书经LEG Inc., d/b/a West Academic Publishing授权
中国政法大学出版社翻译出版。

版权登记号：图字01‑2017‑0640号

出 版 说 明

　　"西方法律逻辑经典译丛"由教育部普通高校人文社会科学重点研究基地中山大学逻辑与认知研究所、中山大学法学院以及广东省普通高校人文社会科学重点研究基地中山大学法学理论与法律实践研究中心共同策划，由中国政法大学出版社出版的系列图书翻译项目。"译丛"所选书目均为能够体现西方法律逻辑的经典著作，并以最高水平为标准，计划书目为开放式，既包括当代西方经典法律逻辑教科书，又包括经典法律逻辑专著。第一批由广东省"法治化进程中的制度设计与冲突解决理论：理论、实践与广东经验"项目资助出版，到目前为止已出版有：《法律与逻辑：法律论证的批判性说明》《法律逻辑研究》《法律推理方法》《论法律与理性》《前提与结论：法律分析的符号逻辑》《建模法律论证的逻辑工具》《虚拟论证：论律师及其他论证者的论证设计助手》《对话法律：法律证成和论证的对话模型》《平等的逻辑：非歧视法律的形式分析》等。他山之石，可以攻玉，相信本译丛之出版不仅有助于推动我国法律逻辑教学和研究与国际接轨，而且为法治中国建设提供一种通达法律理性和实现公正司法的逻辑理性工具。

熊明辉　丁　利

2014 年 5 月 31 日第一版

2017 年 7 月 19 日修订

总　序

　　法律逻辑有时指称一组用来评价法律论证的原则或规则，其目的是为法律理性和法律公正提供一种分析与评价工具；有时意指一门研究法律逻辑原则或规则的学科，即一门研究如何把好的法律论证与不好的法律论证相区别开来的学科。

　　自古希腊开始，法律与逻辑就有着密不可分的联系，甚至可以说，逻辑学实际上就是应法庭辩论的需要而产生的，因为亚里士多德（Aristotle）《前分析篇》中的"分析方法"后来演变成"逻辑方法"，它实际上是针对当时的智者们的论证技巧而提出来的，这些智者视教人打官司为基本使命之一。亚里士多德把逻辑学推向了对普遍有效性的追求，这导致了这样的结果：论证的好坏与内容无关，而只与形式有关。19 世纪末，亦即在弗雷格（Frege）发展出了数理逻辑之后，"形式逻辑"一度成为"逻辑"的代名词。法律与逻辑的关系似乎渐行渐远。因此，有人说逻辑就是形式逻辑，根本不存在特殊的法律逻辑，故法律逻辑至多是形式逻辑在法律领域中的应用。事实上，法律推理确实有自己的逻辑，并且这种逻辑指向的是与内容相关的实践推理。正因如此，如佩雷尔曼（Perelman）所说，在处理传统上什么是法律逻辑的问题时，有人宁愿在其著作中使用"法律推理"或"法律论证"之类的术语，而避免使用"逻辑"一词。

20 世纪 50 年代，以图尔敏（Toulmin）和佩雷尔曼为代表的逻辑学家们开始把注意力转向实践推理，特别是法律推理领域，开辟了法律逻辑研究的新领域。特别是非形式逻辑学家与论证理论家们把语境因素引入到日常生活中真实论证的分析与评价上来，这为法律逻辑研究找到了一个很好的路径。如今，法律逻辑研究需要面对"两个大脑"：一是"人脑"，即法官、律师、检察官等法律人是如何进行法律论证的；二是"电脑"，即为计算机法律专家系统中法律论证的人工智能逻辑建模。前者的逻辑基础是非形式逻辑，而后者的逻辑基础是形式逻辑。如果说形式逻辑对论证的分析与评价仅仅是建立在语义和句法维度之上的话，那么，非形式逻辑显然在形式逻辑框架基础之上引入了一个语用维度，因此，我们不再需要回避"法律逻辑"这一术语了。

熊明辉　丁　利

2014 年 5 月 31 日

中文版序言

　　我非常荣幸能为法律谈判简论（第三版）的中译本添序。原书是西方学术简论丛书数百本中的一员。对于不太熟悉该丛书的中国读者，我想谈一下该丛书写作的指导方针，因为我不太确定"nutshell"的中译是否能够准确捕捉其全部意义。简论丛书旨在通过提供简洁的学习指南，向法律人和法学院学生解释某一主题的核心要点，其目的是创制一份足够详细的参考指南，而为该主题提供一个简明且易于理解的全面总结。虽然因格式要求不能使用脚注或引用，但所有简论丛书都要求其主题已被深入研究并由杰出的学术权威或公认的专家撰写。

　　非常荣幸，我已为西方学术简论丛书贡献了三本著作。其中，我发现写法律谈判最具挑战性。为什么？因为写作这本简论的最基本的困难是，如何以一种让读者能够吸收谈判理论与策略的方式去呈现复杂多面的素材，以使得他们在真实谈判中切实地在**思想**和**行动**上有所不同。申言之，挑战体现在如下几方面。

第一，谈判会涉及极为大量的逻辑、交易理论、法律推理、博弈论、论证、说服、心理学方面的问题，然而，与其他实践技艺类似，高效谈判融合了理论和实践，它们对真正掌握谈判技艺皆必不可少。例如，我们可以将谈判与学骑单车比较。仅就平衡、转向、力、功率、齿轮、刹车等方面的基本物理机制拥有全面理解，并不会为你在初次尝试骑车时带来多少真正帮助，但是，相关物理学知识却能助你事半功倍。写作本书的其中一个挑战与此类似，那就是兼顾理论与实践，给予读者更为高效谈判的真正洞见。

第二，显而易见，所有人都对谈判拥有某些既定观点，无论他们是否对此有过正规训练。人类在语言技能和推理能力形成之初就已开始进行谈判活动。此外，多数人对其运用的诸多谈判技术并未深思熟虑，更别提对谈判过程高度自觉了。不幸的是，人们学到的谈判知识并非总是像它本可以且应当那般地有效，尤其是在运用到专业领域或商务语境下，更是如此。这很像学打高尔夫球。在美国，很多人通过自我尝试学打高尔夫球，可当他们下定决心想要精通这项运动时，他们往往会报班学习。在看完学员击球后，教练常会指出，要成为真正的高尔夫球手，需要"戒除"学员已经沾染上的一些陋习。因此，本书的目的之一是试图帮助读者去掉谈判陋习，并以更为高效的技术取而代之。这着实不易。

第三，写作简论的另一个挑战是，人们对于究竟何为胜任和高效缺乏共识。是在和解中争取到最高或最低的可能金额吗？是为所有相关方实现公平结果吗？是以最高效的方式安排可利用的经济资源而达成和解吗？是以最有利于社会整体的方式达成和解吗？是达成满足"客观公平标准"的"讲原则"的协议吗？是达成兼顾所有相关信息和论证而非有所偏倚的协议吗？是能够维持当事人关系的结果吗？是以最大化地利用可及资源——包括降低成本的程序、沟通渠道以及其他资源——的方式谈判吗？是以减少谈判的时间、花费以及心理伤害成本的方式去谈判吗？

第四，另外一个挑战是对交易谈判（例如交易方自愿买卖）和纠纷和解谈判（其涉及可由法院强制执行的法律权利）的讨论加以整合。如正文所论，将交易所用的谈判技术批量移至法律纠纷谈判中（反义亦然）是造成低效谈判的一个因素。此外，这两种情形之间的区分有时并非像谈判者心中所想的那般泾渭分明，而本书则试图突出它们之间的重要差异。

总之，这本简论明显是以西方视角而作。然而，它将为中国读者就该主题的复杂性提供西方视角的理解。中国读者应亲自评估本书内容在中国语境下的可适用性。无论如何，跨国界与跨文化谈判可因诸方了解他方采取的路径及其个中缘由而得以改善。正如我非常确信美国人民在中国人民那里还有很多东西要学一样，我诚挚地希望你们也会觉得这本书有用。

拉里·L. 特普利
2017 年 10 月
于美国内布拉斯加州奥马哈市

前　言

　　对法律实践而言，法律谈判现已被公认为一个极为重要的主题。本书旨在为读者呈现关于它的一个简述。鉴于该丛书的篇幅和格式限制，在该书的准备过程中，不断面临着排除难题和论述深度的问题。我已尽力平衡各种竞争性考量，相信最为重要的材料已经含于本书之中。尤其是本书的第三版，它大幅增加了对新议题的讨论，并吸收了关于法律谈判的最新研究。

　　因为该丛书缺乏脚注，故我无法提供特定资料的完整文献。然而，主要文献已经标明。通过查询"案例表""制定法表""程序法表""职业伦理表""法条重述表"，读者可以继续跟进正文所呈现的观点、建议和引文。除了这些直接确认的资料，我还要承认，文中的一些观点源于本人在多年法律谈判教学中所吸收到的其他众多资料，但在此，我并没有直接表明它们的出处。

　　我还要感谢本书（连同第一版）所获得的持

续许可。首先，我要感谢杰拉尔德·R.威廉姆斯（Gerald R. Williams）教授以及汤姆森/韦斯特集团授权我使用受版权法保护的大量素材。它们分别源于威廉姆斯教授1983年的《法律谈判与和解》（*Legal Nagotiation and Settlement*，版权为韦斯特出版公司所有），以及他在1981年出版的早期著作《高效谈判与和解》（*Effective Negotiation and Settlement*，版权为韦斯特出版公司所有），该书是一项卓越创举，法律人和法科生从中获益良多。

我还要感谢凯莉·门克尔–梅多（Carrie Menkel–Meadow）教授和《加州大学洛杉矶分校法律评论》（*UCLA Law Review*），因为他们授权我使用门克尔–梅多教授的《走向法律谈判的另一种视角：问题解决的结构》（*Toward Another View of Legal Negotiation：The Structure of Problem Solving*）［31 UCLA L. Rev. 754, 760, 801 – 02, 810（1984），该文版权归《加州大学洛杉矶分校法律评论》所有］一文中受版权法保护的引证素材。此外，我还参考了这篇论文中其他的有益观点和解释。门克尔–梅多教授的著述就法律谈判提供了一个令人兴奋的概念模型，深入阅读更是获益良多。

此外，我要感谢罗伯特·M.巴斯特莱斯（Robert M. Bastress）教授和系主任约瑟夫·D.哈勃（Joseph D. Harbaugh）授权我使用他们1990年出版的《会见、咨询与谈判：高效代理的技巧》（*Interviewing, Counseling, and Negotiating：Skills for Effective Representation*，该书版权为作者共同所有）一书中受版权法保护的素材。这本书为律师会见、咨询、谈判技巧提供了一种有用描述，称得上是极为优秀且值得大力推荐的一个文本。

我要感谢麦格劳–希尔有限公司。它曾授权我引证来源于理查德·A.吉文斯（Richard A. Givens）1980年出版的《辩护：诉因的艺术》（*Advocacy：The Art of Pleading a Cause*，该书版权为麦格劳–

希尔,科泉市)中受版权法保护的素材。这本书从辩护的视角,以一种具有趣益的方式就谈判过程提供了洞见。

我还要感谢切斯特·卡拉斯(Chester Karrass)的系列丛书对谈判技巧知识在理论和实践上做出的开创性贡献。在"参考文献与资源"中所引证的他的著作值得高度推荐。同样,参加一次他的研讨会令我获益良多,并值得高度推荐。

至于本书的第一版和第二版,我仍要感谢克雷顿大学法学院几位系主任过往的支持。我还要感谢那些出色的学生研究助理——安吉拉·巴伦坦(Angela Ballentine)、丽萨·汉高(Lisa Henkel)、卡罗琳·莫泰特(Carolyn Sue DePriest Mouttet)、克里斯蒂娜·谢菲尔(Kristina Schaefer),她们复查了本书第一版和第二版的初稿。我还要向我的儿子——罗伯特·特普利(Robert Teply)给予我的有益帮助表示感谢。作为一名律师和《哈佛法律谈判评论》(*Harvard Negotiation Law Review*)的前编辑,罗伯特曾提出许多非常宝贵的洞见和建议。此外,我的另一个儿子本杰明·特普利(Benjamin Teply)曾就案例评价的公式,以及技术和数学层面提供了专业帮助。

我还要继续感谢法律图书馆主任凯·安德鲁斯(Kay Andrus)及其手下的大力协助,以及埃德·摩斯(Ed Morse)教授在本书三个版本中关于税法问题纠纷解决所提供的有益建议。

最后,我想感谢我所在法学院的帕特·安德森(Pat Anderson)和帕姆·弗林特(Pam Flint),他们对本版本的文秘和校对提供了帮助。

拉里·L.特普利
2015年11月
于美国内布拉斯加州奥马哈市

目　录

第 **1** 章 法律实践中的谈判

第一节 引 论

谈判是众多专业人士（尤其是律师）生活不可分割的一部分。事实上，谈判常常被描述为律师的主要任务。律师利用谈判为客户**创造法律关系**，例如合伙、公司、特许经营以及合资企业。律师利用谈判为客户**进行交易**，包括不动产交易、商业销售、公司合并以及雇佣协议。律师还会利用法律谈判（诉诸或不诉诸诉讼）为客户**解决法律纠纷**。例如，在很多商业场合，律师试图通过讨论与和解去解决误解和争议，避免由诉讼造成的当事人间的紧张关系。

即便法律纠纷导致诉讼，前置于审判的商谈和解无论是在州法院还是联邦法院层面都占很高比例。例如，近些年，在联邦地区法院存档的所有民事案件（除了土地征收案件）中，仅有 5% 达致最终诉讼。剩下 95% 的案件（多数通过谈判达致和解协议）则未经审判则已终结。

在个人层面，一份载于《加州大学洛杉矶分校法律评论》（*UCLA Law Review*）的经验研究表明，律师平均花费他们 15.1% 的时间用于和解讨论。这一时间仅被审前的证据开示活动（16.7%）和会见客户（16%）的时间超过。剩下的时间花在了如下活动：辩护（14.3%）、事实调查（12.8%）、法律研究（10.1%）、听证与审判（8.6%）、上诉与执行（0.9%）以及其他（5.5%）。

从当事人的视角看，通过协商解决法律纠纷所带来的益处进一步凸显出谈判在法律实践中的重要性：

（1）协商和解避免了审判和上诉的不确定性和易变性——接受确定的而非不确定的。

（2）协商和解避免了审判的经济成本——包括与审判有关的延迟成本、法院的成本、专家证人费、额外的审前开示、因当事人准备和参与审判而失去的时间，以及其他法律费用。

（3）协商和解避免了审判的社会和心理成本——包括审判导致的焦虑和压力、可能的窘迫和敌对宣传，以及对当事人关系的进一步损害。

（4）协商和解避免了绝大多数法律救济"胜者通吃"的本质。

（5）协商和解避免了法院所能提供的有限救济范围——为利用更广泛手段争取当事人的最大利益提供了机会。

（6）协商和解避免了获得不利法律解释的风险。

（7）协商和解避免了可用于相关诉讼（如争议点排除）中针对当事人的有害许可或不利事实认定的可能性。

法律争议谈判还有更广泛的意义。从制度的角度看，协商和解减少了司法体系的工作量。因为协商解决，初审法院和上诉法院都有更多时间去考虑那些需要审判和上诉审查的案件。从律师个体的角度看，协商解决增加了律师能够实际处理的案件数量。从心理学和人类学的角度看，协商解决有利于"治愈过程"。正如杰拉尔德·威廉姆斯（Gerald Williams）教授所描述，谈判过程本身不仅有助于当事人解决直接纠纷，而且还为他们以积极方式解决深层社会心理问题提供了可能。

　　妥协是法律谈判过程中的一个关键因素。在某些法律谈判中，相关当事人会希望达致可接受的自愿和解或协议。为了协调可能会产生竞争和冲突的利益，他们会参与讨论并交换意见。形成这种解决或协议的意愿，会受两种不同因素的极大影响：①当事人受到的**限制**，包括对协议未达成所可能遭受的损失或他方当事人可能不讲信用的担忧，以及社会压力；②达致协议的**驱动力**，包括从协议以及合作的愿望中可能获得的好处。

　　谈判过程中的另一个关键因素是**有意义的交流**。这种交流有利于达致双方都可接受的协议。习惯上，这一过程需要当事人提出要约、考虑论证并做出反论证。

　　在这一过程中，另外一个基本因素是让步的意愿。和解会避免形成僵局的风险，以及在不通过诉诸暴力、法律诉讼或其他处理方式的前提下固定协议所形成的益处——例如对可欲财产、服务或金钱形成的某种令人愉快的、双方一致同意的相互交换。此外，这一过程还可能涉及发现、评价符合当事人利益的诸种替代性方案，以获得符合双方最大利益的解决方案。

　　有些人因为法律谈判过程涉及一定数量的论证、争论和压力而感到不悦。此外，在某些情境下，某些人会对妥协和务实表示不悦，他们认为这是一种不讲原则的"出卖"。

　　还有人因为谈判涉及风险而不安。例如，谈判可能被利用以使得当事人做出超出达成协议必要的让步。此外，当协议达致且一方已经履行，那么就会有另一方拒绝履行协议的风险。要成为一名成功的谈判者，很大程度上取决于要学会何时以及如何在面对这些风险时去妥协。谈判的另一个部分是利用谈判者的能力创造出满足当事人需要的替代解决方案。

　　法律谈判是一项**困难且富有挑战的工作**。在真实世界中，法律

4

5

谈判不同于在经济和博弈论模型下所假定的对所有信息具有完全或完美知识的谈判。法律谈判者经常在无法确定谈判者知悉所有相关信息的情况下为客户提供建议。例如，一方或双方当事人可能会忽视某些关键证据或信息。类似地，法律谈判者会面临如下真实风险，即新信息（有利或不利的）可能随时被发现，或是新的法律发展（同样是有利或不利的）可能不期而至。

法律谈判困难且富有挑战还有一个理由与评价和预测相关。绝大多数诉讼的评价底线是大概率审判结果。在特定案件中，法官或陪审员在庭审中所判定的事项（如果有）通常饱受争议。诉讼牵涉一系列无形事物，其范围可从陪审员所认定的痛苦和苦难程度到是否存在责任这样的不确定因素。而相关律师对审判辩护技巧上的不同观点，则加剧了由这些无形事物所导致的不确定性。

6　　法律谈判还会因为不了解对方及其律师如何行动——更重要的是如何反应——而进一步被复杂化。谈判的经济模型和博弈论模型假定，谈判者将根据理性选择而决策。然而，法律谈判者必须对付那些拒绝摆脱不合理立场以及做出明显不理性决策的客户和对方当事人。在判断和选择时，客户及其律师还常常依赖于心理**启发法**。这些"心理捷径"是减少推理过程复杂性和强度的一种方式。然而，启发法也可能在理性思维和决策中带来偏见和歪曲，特别是当它被直觉或无意识运用时尤其如此。

此外，谈判的经济模型和博弈论模型常常假定双方当事人都知道"支付矩阵"中每一事项的重要性。然而，法律谈判者常常不得不猜测特定事项对对方当事人的价值。例如，谈判者鲜能确切知晓防止不利公开或避免设立不利先例对对方当事人有多重要。对此缺乏了解会再次增大法律谈判的困难性。

而且，虽然对决策加以数学分析，即通过"决策树"图解展示

在某些方面挺有用，但这通常要求就胜诉可能性或其他预测做出评
估，然而，大多数律师认为，在"现实生活"效用上很难令人满意
地发展并运用这些预测评估。 7

第二节 学习以及完善谈判技巧的重要性

正如下一节详细讨论的那般，谈判技巧是充分代表客户的一个
重要部分。在极端情况下，拙劣的谈判技巧可能会导致执业失当。
谈判技巧还是律师声誉的一个重要成分。正因为谈判在法律实践的
重要作用以及谈判者面临的困难和挑战，对学习和完善法律谈判技
巧赋予极高的优先地位是正当的。

第三节 法律谈判中的客户代理

法律谈判的一个显著特征是律师通常代表客户而非自身。律师
和客户之间这种专业关系具有重要影响。其一，这种关系对律师施
加了伦理责任；其二，它造成了基于律师行为形成的与法律谈判相
关的执业失当风险；其三，律师与客户间的这种专业关系使得决策
过程复杂化，因为法律谈判者不仅必须应对对方当事人和律师，而
且还需应对自身客户。例如，律师和他们的客户可能会就应当采取 8
的谈判策略和方式有严重分歧，或是对接受对方要约或使用某种特
定战术的可欲性有分歧。此外，当律师与客户的利益并不充分匹配
时，冲突也会产生。

一、称职代理的义务

在法律谈判中，律师负有为其客户称职代理的义务。这种义务
有两个渊源：一是规制律师执业责任的规则；二是以执业失当标准

为体现形式的法律。然而，评价某位律师是否已经满足了称职代理的要求则并非易事。

（一）职业道德规则

美国律师协会的《职业操守标准规则》（*Model Rules of Professional Conduct*，1983）（后文所指的《律协标准规则》）1.1 规定，"律师应当为其客户提供称职代理。称职代理要求律师为实施代理而具有合理必要的法律知识、技能、缜密和准备"。在谈判情形中，这条规则指令需要特别强调的是**缜密**和**准备**。正如下一部分讨论的那样，准备是高效法律谈判者所具有的一种主要的共同特征。缜密准备既可以让法律谈判者令人信服且持续地体现客户的立场和利益，还可以令法律谈判者尽可能高效应对其代理案件中的不利之处。

（二）评估谈判实力或效能

职业伦理标准要求谈判实力。然而，评估法律谈判者职业能力的一个问题是缺乏何者应被视为有能力或高效的确切共识。

评估谈判实力或效能的一种方式侧重于**结果**。在纠纷解决中取得了可能获得的最高（或相应的最低）数额吗？获得了对每个人都"公平的结果"吗？达成了令可利用经济资源"最高效"配置的和解吗？达成了对法律体系和社会整体最有益的和解吗？形成的"原则性"协议满足了公平的"客观标准"吗？达成的协议考虑了所有相关信息和论证，而并非偏听偏信吗？

另外一种评估方式则强调**过程**。以某种方式进行的谈判最高效利用了可以利用的资源（其中包括降低成本的程序、沟通渠道、案件管理技术以及司法资源）吗？以某种方式进行的谈判避免使用了那些会增加双方无谓成本的策略吗？谈判是在以减少时间、金钱以及心理伤害的方式进行吗？

至于效能的结果措施，在美国律协先前的《职业责任标准守则》（*Model Code of Professional Responsibility*）（后文所指的《律协标准守则》）与现行的《标准规则》（被大多数州采纳）中，对上面提及的问题基本没有涉及。当然，上面两部法律都对令双方利益最大化以及普遍公平的标准予以支持。类似地，律师与法律评论家在对何种观点恰当或是最优标准上有所分歧。一般来说，对那些被其同侪视为高效谈判者的人而言，尽可能达成和解被普遍视为一种共同目标。虽然达致公平合理的和解可能常常与和解最大化不一致，但它还是被众多高效谈判者视为一种恰当目标。

（三）　法律执业失当

律师 - 客户关系中的一个重要组成部分是律师必须忠诚、真诚且始终如一地代表客户利益，维护客户权利。当律师代表客户或是为客户提供和解建议时，他受制于那些用来判断律师执业失当行为的一般标准：律师必须运用在类似情况下共同体内其他律师通常拥有并会运用的那些知识、技能和能力。

有时，律师会因未在谈判场合中满足这一标准而要对执业失当负责。例如，在马萨诸塞州有这样一个案件。某位律师被一位脚踏车骑行者雇佣，后者在与小轿车同向前进时在路边被撞，身受重伤。案发时，骑行者身着深色服装，且单车缺乏合适的反射器。骑行者的律师是一位单独执业的兼职律师，其不仅数年未接触诉讼，而且主要处理不动产转让事宜。事故发生十六个月后，该律师才将案件诉诸法律。在毫无缘由的情况下，该律师在立案后十个月都没有向被告调查取证。他既没有检查机动车，也没有从事任何有效的审前调查并了解事故刚发生后的情况。同时也未了解到事故发生后不久，司机否认在他的车撞倒骑行者之前看到了脚踏车和它的骑行者。相反，该律师却信任了由该司机保险公司主动提供的信息。

11

在开庭前两个月，该律师就此案咨询了一位对人身损害具有丰富经验的诉讼律师。然而，由于该律师不同意被分去 1/3 的胜诉酬劳，该案甚至根本没被提至法院。于是，该律师向司机的保险公司提议以 250 000 美元和解了事。在对承保范围全然不知的情况下，他却告知当事人这就是可获得的全部。可事实上，承保范围却是 1 000 000 美元。司机的保险公司提出了多种解决主张，每一个主张该律师都建议其客户接受。然而，客户拒绝。最终在庭审即将到来之际，该律师告知其客户该案如果诉至法院将无胜诉可能，导致其客户只能同意 160 000 美元的损害赔偿了事。

在针对执业失当的诉讼中，费思曼诉布鲁克斯（*Fishman v. Brooks*，1986）一案的陪审团认定：①律师在处理人身损害诉讼中存在过失；②律师建议其客户接受不合理的解决方案存在过失；③如若律师运用适当技术，给予足够重视，那么其客户本可获得更优结果。基于此，陪审团认定骑行者因其代理律师的过失而受损，共计 525 000 美元。

二、维持客户知情的职业义务

信息是客户对案件做出明智决策的重要前提。在《律协标准规则》中，规则 1.4 特别要求律师要维护客户"对事件性质的合理知情，并及时遵守为获取信息而产生的合理要求"。还要"在合理必要的程度上解释事件而令客户能就律师代理事项做出明智决策"。虽然在律协之前的《标准守则》纪律规则中，并没有与规则 1.4 直接对应的规定，但是在《伦理注意事项》中该规则能够获得支持。例如，《伦理注意事项》（*Ethical Consideration*）7－8 规定："律师应尽力保障（其）客户的决策仅在知悉相关事项后做出。"《加利福尼亚州职业操守规则》（*California Rules of Professional Conduct*）3－500 要求，"律师应保持客户合理知悉与雇佣或代理事项有关的重要发展……"此外，规则 3 - 500 还在"迅速遵守信息方面的合理要求"施加了义务。

因此，律师负有帮助其客户理解诉讼进程（开始、证据开示、庭审、上诉）的道德义务。客户应被告知与案件有关的法律理论和辩护。同样，客户还应被告知任何潜在抗辩，证明或证据可靠性问题，以及其他方面的弱点。作为优秀的案件管理和客户咨询的一部分，客户应知悉其案件进程，律师应例行公事，将所有文件的副本连同解释其意义的附信发给客户。

有时，在保障客户知情权以及就大概率审判结果或和解提供意见时，律师面临的一个问题会由他给予客户的初始评价引起。客户常常会要求律师评估什么情形值得诉讼。一些律师为了商业利益，倾向乐观评估。这类评估可能会导致客户不切实际的预期。而如果律师未告知客户此点，并且对案件的优势和劣势进行评估更新，那么这些预期就不会改变，严重的分歧则可能产生。这可能还会导致客户质疑律师为其尽力谋利的忠诚和能力。 14

通常，当律师所建议的解决方案严重偏离客户预期时，这一问题则被凸显。这一理由或许可以解释众多案件无需到达庭审的现象。例如，杰拉尔德·威廉姆斯教授对亚利桑那州凤凰城的诉讼研究表明，逾50%的案件就是因为一方或双方客户不愿意接受自身律师的解决意见而没到达庭审。

三、客户的知情决策与同意

和解过程之核心是知情决策以及客户同意。《律协标准规则》规则 1.2 规定，律师必须在法律与律师职业义务设定的界限内遵守客户就"代理目标"所做的决策。正如詹姆斯·费罗因德（James Freund）在《精明谈判》（*Smart Negotiating*）中所做的恰如其分的表述：是否决策取决于客户，而如何决策则通常取决于律师。

15　　　就法律谈判而言，《标准规则》规则 1.2（a）特别规定，"在是否和解这个问题上，律师应当遵循客户决策。"因此，在罗杰斯诉罗布森、马斯内特、赖安、布鲁蒙德和贝隆一案中（*Rogers v. Robson, Masters, Ryan, Brumund & Belom*，1980），一位受医疗事故承保人雇佣的律师，因其未在内科医生同意下而违反医生明确指示去解决问题，而最终就内科医生所造伤害承担了损害赔偿责任。律师有义务披露承保人的和解意图，这源自律师与客户之间的关系，且在未经医生同意的情况下，这种义务在承保人授权和解案件的范围内不受影响。

　　　在《律协标准守则》的纪律规则中，没有与规则 1.2（a）直接对应的部分，但是《伦理注意事项》中的一些陈述对其有所支持。例如《伦理注意事项》7-7 规定，"在不影响案件利益或对客户权利没有实质侵害的某些法律代理领域，律师有权自己做决策。但除此之外，决策权限则排他地属于客户。"

　　　通过将决策的最终责任给予客户，伦理规则为解决个体客户利益与更广泛社会目标之间的冲突提供了"钥匙"。例如，试图通过庭审和上诉而谋求法律阐明或法律改变的一些决策可能会与客户的直接利益冲突。诚然，对方当事人可能会愿意通过支付额外费用摆平案件，而避免为那些可能的阐明或改变买单。解决这一困境办法
16 是向客户充分披露这一问题并听从客户的明智愿望。

　　　类似地，如果客户真要做出知情同意或决策，法律谈判者应当告知客户所有的选项。例如，在上述例子中，法律谈判者应当根据自身就他方会如何反应的看法以及不接受未决提议的风险去讨论还价的可能性。通常，要以某种方式解释诸种选项而将真实选择留给客户是困难的，特别是当法律谈判者已就应当如何行事表达观点后。

　　在获得知情同意方面，伴随着律师承担风险的等级、对对方谈判者的愤怒以及私人的、财务的、专业的或社会方面的考量，律师的自我介入体现了一些特定问题。在《会见、咨询与谈判：高效代理的技巧》（*Interviewing*，*Counseling*，*and Negotiating*：*Skills for Effective Representation*）一书中，罗伯特·巴斯特莱斯（Robert Bastress）和约瑟夫·哈勃（Joseph Harbaugh）正确指出，律师可能会有意或无意地操控当事人的预期以确保当事人同意交涉结果，而这一结果会令律师获益，或是满足其自身而非客户的需求。例如，那些较为怕输的律师，可能会通过提供一些信息（次于律师实际期望的预计解决方案）来操控当事人的预期；而那些具有高风险偏好的律师则可能会过度提高预期以支持某种更具侵略性的处理。此外，与对方谈判者的关系是好是坏，也会微妙地影响律师对要约的评价。

　　律师必须不断提防自我介入对客户知情决策的扭曲。对此，巴斯特莱斯和哈勃建议，除了当事人所表明的满意度外，还用六个步骤检查自我介入的影响并评估谈判成就：

　　（1）利用"以客户为中心"的咨询方式（a）分离客户的目标与需求，（b）交流你对潜在后果的公正评估。

　　（2）参与客户对谈判选项、策略和战术的理解和选择。

　　（3）持续评估（a）你对对方谈判者以及案件的个人介入和感受，（b）那些影响客户咨询或谈判的因素。

　　（4）谨慎且详细的计划。

　　（5）在谈判结束后重新评估个人介入。

　　（6）基于批判性自我评估调整谈判准备以及未来实施。

　　总之，当法律谈判者对拒绝或接受某一和解提议伴以经济利益的并具有强烈的个人情感时，切不可对向客户所做的庭审结果预测或提供选项之公平性过于自信。然而，长期来看，充分知情的客户

17

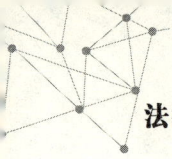

18 将对真正由他们自己所做的决策更为满意。而最不可能满意的客户，则是那些在处理事项或官司进展上一直被"蒙在鼓里"，以及一直被自以为知道什么是最符合客户最佳利益的律师牵着鼻子走的人。

现实地说，法律谈判者缺乏有效手段去评估在客户真实决策和满意度上发挥重要作用的无形因素的重要性。例如，是客户而非律师，最清楚避免庭审压力或对业已紧张的持续关系造成进一步伤害的价值。也只有客户更清楚他们愿意容忍的风险，或是在法庭中公开揭露被告恶行对其自身有多重要。律师的义务是帮助客户理解选择，而非代为选择，更不是让其个人介入扭曲客户的知情决策。

客户与律师在道德议题、处理方法，以及对公平、正义的看法之间的冲突，最终会通过撤回委托解决。《律协标准规则》规则1.16（b）（4）允许律师在"客户坚持采取诉讼而他自身对此极为反对或是具有基本分歧"的时候退出。类似地，《律协标准守则》纪律规则2-110允许律师在客户"就无需待由法庭决定的事项上，坚决要求律师从事虽不为纪律规则禁止但却违背其自身判断和建议的行为"时退出。

19 ## 四、作为客户代理人的律师

在法律谈判中，律师代表客户的另一个重要后果与律师作为客户代理人的角色相关。一般而言，律师不能仅仅因为被雇佣就具有对客户主张或诉因加以妥协和解的默认权限。因此，客户可能在未对律师进行特定批准或授权的前提下忽略律师所做的和解。客户可能继续诉讼、发起新诉讼，或是要求法院驳回和解而恢复诉讼。

当发生如下情形，该通则存在例外：①不存在与客户协商的机会；②受雇律师为保护客户利益而必须快速行动。然而，在非紧急状况下，律师在做出对客户具有约束力的妥协或和解时，特定授权或客户事后追认是必须的。

当客户已明确授权，律师则可处理应对任何事项。在那种情况下，即便律师对其推荐的和解方案有所疏忽，基于"在授权范围内的作为或不作为，都被视同委托人自身行为"这条规则，客户也受到约束。换言之，律师的职业疏忽将归责于那些受约束的客户。此时，客户唯一的救命稻草就是对导致和解方案被接受的律师执业失当进行诉讼。

雇请律师处理交易或争议的主要好处在于他们的专业技能，特别是他们熟识诉讼、谈判以及其他纠纷解决方式。此外，律师还较为超然而且在战术上较为灵活。然而，正如穆诺金（Mnookin）、帕皮特（Peppet）、图鲁梅洛（Tulumello）在《超越输赢：谈判在交易和争议中创造的价值》（Beyond Winning：Negotiating to Create Value in Deals and Disputes）中适宜地指出，基于以下理由，律师与客户之间的利益并非"铁板一块"：①在和解或诉讼偏好上的差异；②在财务等动机上的分歧；③信息不对称。除了客户利益，律师还爱惜"羽毛"，因此他们会遵守职业伦理规范而不至于违法，这维持了专业关系。律师与客户间的费用结构也可能存在扭曲因素，这些分歧往往与这一事实分不开，即客户很难全方位监督律师的所作所为。所有这些因素都会造成两者之间的紧张关系。

穆诺金、帕皮特、图鲁梅洛建议，这一紧张关系应被当成一个普遍问题予以正视。开诚布公地处理将会促成：①更妥帖的费用安排、奖金及激励措施；②更合适的监督机制；③更多的信息共享；④更加增进的信任和尊重，从而有助于"代理费用"的最小化以及所有人正当利益的和谐共存。

20

第四节 法律谈判的基本类型

律师进行的法律谈判可分为六大基本类型：

（1）合同交易。

（2）民事纠纷。

（3）劳资谈判。

（4）刑事案件。

（5）离婚与亲属关系问题。

（6）国际法律谈判。

每一类别都在一定程度上反映出某种专业化谈判。有能力的律师会调整自己的方法以反映每一类型中占主导目的的习惯、实践和特性。

一、合同交易

律师行为在一种法律谈判类型中与当事人间的交易有关。这类谈判的产生背景极为广泛，其包括货物销售、保险、不动产、服务以及企业经营。从法律的角度看，当事人之间的合意是这类谈判的标志。通常而言，书面合同是对这种合意的记载，但也并非总是如此。调整这些交易的协议在本质上具有立法属性：它们主要直接针对当事人的未来行动及各自权利。

这类谈判有四个方面应当牢记于心。

第一，大多数交易是基于合意的。在这类谈判中，任何一方都
可"一走了之"或与他人做生意。一般来说，市场情形决定了当事人拥有的自由度。然而，大多数交易必须对交易双方都有益处。

第二，在这类谈判中，对与某种特定类型交易有关的商业事实具有渊博知识，将能极大提高法律谈判者的谈判效能。在谈判者不

熟悉的商业环境下，他们应当自学交易本质、目的、每方试图寻求的利益、卖点以及行业环境。这方面的一般信息通常可从专业的法律或非法律公开出版物、法律的继续教育教材以及其他律师那里获得。通常，特定信息的最优信息源是客户。

第三，这些交易可以反映某种持续关系或是短期交换。如果交易要求当事人之间长期相互合作，那么当事人通常一开始就会致力于促进和谐关系。

第四，除非存在垄断情形或是谈判实力差异导致的极不公平，否则过强的攻击性、胁迫，或是在谈判时不讲道理，可能会令"交易胎死腹中"。例如，将那些适于诉讼的谈判策略运用于交易之中可能是不明智的，比方说在对方清楚你的客户缺乏影响力的情况下仍过于乐观地进行谈判开场。此外，要是与标准的行业习惯和实践相比，强调"过度"的保障措施，那么法律谈判者可能会令客户以及他们自己都被视为无礼顽固的"吹毛求疵者"。这种对抗方式很可能会被视为破坏礼仪，并导致不必要的猜忌和敌意。

法律谈判者准备的另外一个重要因素，是应当了解行业的传统标准、习惯以及实践知识。对此，审查行业内其他人的成功协议从而发现诸种法律问题的解决方式是一种方法；另外一种方法则是在可及范围内参考专业法律资料。

二、民事纠纷

法律谈判的另一重要类型源于民事纠纷。在这些情景下，一方或双方当事人会于法院主张其权利，实施救济。这类分歧通常集中于如下一个或几个议题上：其一，对于特定争议事实有可适用的实体法为权利提供救济吗？其二，起诉方有权获得他所主张的诸如禁令或法定信托这样的救济吗？其三，所谋求的救济范围被可证事实以及大概率审判结果证成了吗？

23

民事纠纷谈判最重要的方面在于，如果当事人自己无法达成合意解决，那么争议的最终解决将由法院裁判或其他权威决策者（例如仲裁员）做出。因此，如果一方当事人根据案情败诉，那么他就可能因判决或命令而被迫兑现对方当事人的法律权利。这类谈判在本质上是**可裁判的**。当事人主要关注的是给定规则如何适用于特定事实。相比于合意交易，在这类情境下，对攻击性和不合理情形发生的容忍度更高。

民事纠纷谈判的另一个重要方面是承保范围的作用。今时今日，保险适用于多数可创设责任的活动形式——其范围从产品责任险、医疗事故险到交强险。保险的存在将承保范围、理赔人以及保险辩护律师等议题引入纠纷解决和审判过程当中，且原告必须处理由此带来的制度偏见和关注。保单限额是什么？这种主张将会鼓励他人做出类似索赔吗？换言之，这将会"打开泄洪闸"吗？这种索赔会损害保险公司的声誉吗？

类似于合同交易，民事纠纷可能也是"一锤子买卖"，纠纷当事人可能在未来不会再缔结合同，例如交通事故。类似地，民事纠纷也可能涉及长期或持续关系的问题，例如特许经营权或其他的分配安排。然而，即便当事人不可能再缔结合同，可他们的法律谈判者却不得不再打交道，或是与听闻过他们在纠纷中如何行事的其他人建立关系。

三、劳资谈判

工会的主要目的是通过寻求公平报酬和改善劳动环境去保护其成员。在美国，联邦法对劳动关系有大量规制。《联邦法典》（*United States Code*）第29篇就集体谈判的雇主和雇员代表施加了义务。劳资双方应当在合理期限内会谈，并就工资、工时、雇佣条件等其他事项真诚磋商。然而，这种义务并不强制任何一方必须达成协议或妥协。如果无法达成一致，这会提高劳方罢工，或是资方关闭、迁移产业，或是停工的可能性。因此，达成和解的压力通常颇高。

一方面，劳资谈判兼具合同交易和民事纠纷的特征。之所以与合同交易类似，在于这种谈判发生在持续关系的语境中，且以达成协议为导向。与交易类似，通常对那些（至少穷尽劳动法所强制规定的行政程序的）可走司法救济途径的交易而言并无所谓错误存在。此外，集体交涉的功能在本质上是立法性的：当事方建立规则规制未来关系，它还重在寻求某些方式以使得劳资双方达成利益最大化的协议，这与大多数诉讼中的"零和博弈"不同。

另一方面，劳动管理谈判类似于民事纠纷。这类谈判通常体现了高度对抗，并因"心理战"而闻名。此外，基于自身负有谈判义务，当事方也无法直接"一走了之"。

律师通常会作为资方的谈判代表，而非律师则会代表劳方。在集体谈判中，支持者的压力意义重大。例如，工会谈判者常常成为普通受雇方的代表，并对谈判委员会及其所代表的一般雇员的反应非常敏感。当事方通常会在某一特定期限或截止日期内（一般是60 天或 90 天）谈判。存在截止期限往往是影响谈判的一个重要因素。此外，在这类谈判中，谈判者通常极为关注现有的集体谈判协议对未来协议的影响。

集体谈判通常涉及多重议题。对于困难议题，对协议某些特定条款有意地模棱两可有时不失为解决之道。这种方法之所以可行，在于集体谈判协议提供了在协议期内所导致纠纷的解决方法，例如仲裁。劳资协议的另一个特征是，它们可能是且有时是修正双方协议或既往实践的中期协议。

四、刑事案件

刑法规定了何种行为属于犯罪，并应施加何种刑罚。其主要意在保卫社会免受犯罪行为伤害，但同时它也保护犯罪嫌疑人免受狂热或不正当的起诉与刑罚。《美国联邦宪法第六修正案》（*The Sixth Amendment to the U. S. Constitution*）保障了犯罪嫌疑人拥有律师——私人律师、公职辩护人或指派律师——协助的权利。因此在刑事案件中，一方是被告及其律师，另一方则是代表政府和社会利益的检察官。

刑事案件具有与民事案件相同的"和解"率。这种高和解率，一方面源自政府通常处于强势，这令嫌疑人进入审判没什么好处；另一方面是基于实践理由：如果大量案件无法解决，那么法院将在对嫌疑人进行刑事审判时陷入困境。

在刑事案件中，律师会试图以如下方式解决问题：其一，辩护律师可能会试图说服检察官不起诉嫌疑人；其二，他们可能试图说服检察官采取撤销型押后审理（即如果嫌疑人在未来的特定期限内不再犯罪被捕，那么这一指控将被撤销），或是利用一些其他在当地可用的类似程序；其三，律师可能寻求令嫌疑人转为污点证人的机会而令其免于起诉；其四，律师可能会参与辩诉交易，这种解决形式通常涉及嫌疑人承认某种较轻罪行，或是承认被起诉的数罪中的某一些，以换取相比可能较严重指控而言的较轻判决。此外，谈判还可能涉及证据承认和假释推荐。当有条件认罪建议做出时，嫌疑人往往面临快速决策的极大压力。

联邦法院层面所涉及的辩诉交易程序由《联邦刑事诉讼规则》（*Federal Rules of Criminal Procedure*）规则 11（c）调整。该规则尤其涉及如下内容：辩诉交易的程序；辩诉协议的必要开示；认罪的司法考量；法院的接受或拒绝；认罪答辩讨论和认罪的不可采；认罪程序的必要记录。然而，该规则并未处理辩诉交易潜在的实践和哲学面相。

　　与保险公司卷入的民事纠纷类似，制度因素也会影响刑事案件的和解。检察官、公职辩护人以及本地刑事律师必须持续地相互打交道。因此，他们在某一案件的行为可能会影响另一案件。公职辩护律师和检察官会关注案件量和行政效率，后者还要关心与警察和公众维持良好关系。同样地，检察官的加薪、升迁、连任也会受到其胜诉记录影响。

　　在刑事案件谈判中，有一个极为重要的方面需要辩护律师一开始就有所认识：人际因素会影响检察官的自由裁量权的行使。因此，在常规案件中，辩护律师应当努力让检察官了解和喜欢嫌疑人。从检察官的视角看，最重要的任务可能是令有罪的嫌疑人及其律师认为他们从中有所获益。

五、离婚与亲属关系

　　还有一种独特的法律谈判涉及离婚和亲属关系问题。与交易谈判和集体谈判协议类似，这种谈判本质上也是立法性的：其旨在规制当事人未来的地位、权利以及义务。在离婚和亲属关系谈判中，当事方通常在纠纷中非常情绪化并有很多心理活动。例如，当事人可能痛苦万分从而恶意抵制理性解决方案。而第三方（例如当事人的孩子）的权利和利益也可能是重要因素。通常，要对这类问题达致和解，压力颇大。

六、国际法律谈判

　　由律师主导的另一重要的法律谈判类型发生于国际交易和纠纷中。与这类谈判相关的三个显著特征应当重视：其一，语言障碍会令国际谈判复杂化，从而增加误解的可能性；即便当事方都来自讲

英语的国家，这类障碍也会发生；其二，谈判通常会受到政治考量影响；其三，这类谈判通常会牵涉文化障碍，这会使得协议更难达成。

主要的文化障碍有：对"直接交流与间接交流"（例如对说"不"勉为其难）的不同偏好，对以"等级主义和平等主义"（即更顺从那些具有较高社会或经济地位的人）为体现形式的权力和地位的不同观点，以及对"个人主义和集体主义"（即个人需求与集体需求之间的对抗）所持有的不同观点。

其他影响国际法律谈判的重要文化因素有：情绪的体现程度、承担风险的意愿差异、个人谈判模式的正式程度、不同的时间敏感度、对预期协议在性质与形式上（即是特定协议还是一般协议）的差异、团队组织上的变化（例如，是"一言堂"还是"集体共识"）、竞争态度（即是强调单赢还是共赢）以及整体目标（即是正式合同还是私人关系）。最后，谈判还易陷入对他国文化的**刻板印象**（即无法识别出个人的特性）以及**种族中心式思维**（即深信自身国族或文化天然更优）这一双重陷阱。

第五节 讨论范围

在本文中，大多数讨论（除非另有说明）针对的是民事纠纷谈判。这类谈判允许大量的许可性行为。然而，它没有提出：①在刑事案件和家庭关系案件中所涉及的关于公平、伦理以及公共政策方面的复杂议题；②在劳资谈判中发生的集体动态议题；③在国际谈判中发生的交叉文化以及政治问题。然而，关于民事争议论述的大部分内容也适用于这几种谈判。

第六节 进行谈判前应当考虑的法律因素

在进行法律谈判前，有几种法律因素应当考虑。其一，和解中的要约、讨论、致歉是否在庭审中可采？其二，程序规则（例如《联邦民事诉讼法》规则68）是否影响妥协要约？其三，谈判对诉讼时效的影响是什么？很明显，在谈判前知道这些问题的答案至关重要。

一、庭审中作为证据的和解要约、讨论、致歉

在普通法中，为了证明要约者的责任，作为证据，关于纠纷的妥协要约在庭审中是不可采的。该规则有三个可能的理论基础。第一个基础是在"英国"理论或"合同"理论中，要约的做出被假定为对合法权利无害，除非要约被接受并实际形成合同，否则要约没有证据效力。该规则的第二个基础是"相关性"理论。在该理论中，妥协要约被视为渴望息事宁人的表现，而不被当成承认错误。因此，这类证据与实际责任不相关而被排除。该规则的第三个基础是"特许例外"理论，其建立在法院鼓励纠纷解决的政策上。

然而，所有这些理论都无法一般性地将关于承认的事实陈述、担保声明，或是不构成实际妥协要约行为排除出证据范围。如果证据规则允许这类陈述或行为在庭审中被用于对抗其做出方，那么真实谈判的交往开放性可能会大幅缩减。在某些法域，在谈判或和解要约中所做的陈述，可能构成与当事人之间某一议题相关的独立事实的承认。

在那些法域中，允许事实陈述、担保声明、发生于和解讨论和提议中的行为可采，其核心问题在于，陈述是否与妥协要约不可分离，或是与可排除出证据范围的要约紧密相关。例如，如果责任已

被承认，而谈判仅仅是为了确定损害赔偿数额，那么妥协要约就可在确立责任时可采，但却无法成为确定损害数额的证据。

　　陈述或是承认的措辞也很重要。一方面，假设性或条件性让步不能被解释为体现当事人实际信念的断言。例如，"为了谈判，让我们假定我的客户有过失，那你认为应当有哪些损失"这一陈述就是条件性和不可采的。另一方面，无条件的断言却是可采的，尽管某种动机可能促进了它。例如，"好吧，我的客户有过失，让我们谈谈赔偿"这一陈述就是如此。

34　　在跟随普通法的那些法域中，由于在谈判过程中所做陈述的可采性问题会导致风险，因此律师们已经发展出许多方法处理这些问题。一种解决方法是，在对方当事人书面同意谈判中所言一切都对客户权利无害之前，拒绝谈判。要是没有这种协议，那么律师就要对和解谈判中涉及的所有事实陈述采取假设性措辞以避免其可采，以及在所有文件中包含免责条款以使得陈述将来不具有证据价值。例如，"仅仅基于谈判需要，我们的客户承认……"。一种更为保险的方法是在全部声明、信件或讨论的前言处，伴以这类陈述："这一提议是可质疑和有争议的，由此导致的责任、损失以及其他可争议事实会被明确否认。我所说的一切都自动包含这一免责声明。"

　　《联邦证据规则》（*Federal Rules of Evidence*）规则408排除了在和解讨论中做出陈述和提议的许多问题。该规则特别排除了提出、表示"在一项值得考量的和解或试图达成和解的主张中，对其效力或数额有争议的"证据。这条规则建立在公共政策支持和解的这一事实之上。因此，类似于普通法，规则408明确了妥协要约不可采，但是它使用的"特权理论"通过扩大"在和解谈判中所做行为和陈述"的不可采范围而改变了普通法规则。

35　　规则408中的"值得考量"的语言表述是为了排除所谓的"麻

烦要约"，即那些与损害范围联系甚微的要约。然而，因为尚不清楚何种考量必定是有价值的，故这一补充被批评为对该规则增加了不必要的歧义。

此外，规则 408 因为包含那些在"效力或数额"上的纠纷而背离了普通法。根据规则 408，在证明责任或赔偿数额时，妥协要约不可采。该规则还对提议或和解协议一般性地被排除出证据之外有两条限制。

第一，规则 408 不要求排除任何仅因出现在和解谈判过程中的可发现证据。这一补充例外，确保诉讼当事人无法通过承认可发现的相关事实出现于妥协谈判中就规避其可采。换言之，如果和解谈判中的承认可通过其他完全独立的方式被发现，那么它们就是可采的。

第二，妥协证据和妥协提议可被用于证明：①除了关于索赔是否有效及其数额之外的，有争议的间接材料事实；②某位证人的偏向和偏见。除了用于证明责任，这一条款允许出于某种目的对证据加以"并行使用"。这种情况通常会出现在多方谈判中，其意在非难某位非妥协协议主体的可信度。然而，对于法院是否应当允许使用在妥协谈判中所为之陈述去非难妥协当事方的问题依然存在，这种使用看上去违背了该规则所立足的政策。而在对某个争议主张试图妥协前，无论是普通法还是规则 408，它们都不适用。

现在，很多州已经通过了与规则 408 相同或类似的证据规则，其他的一些州也着手修正普通法规则。聪明的律师要熟悉相关法域规则，否则，对那些粗心大意或涉世未深的律师而言，他们可能在和解谈判中对表达事实陈述的措辞或术语选择不够谨慎，而这就是一种陷阱。

此外，《联邦证据规则》规则 409 和 410 也与和解协议有关。

36

规则409规定"提供、表示或允诺支付因伤害而引起的医疗、住院或类似费用的证据不能作为证明负有损害责任的证据而采纳"。规则409不仅建立在鼓励和解的政策之上，而且还以鼓励被告和保险公司及时援助受害者的政策为基础。然而，该规则并未包含那些对支付而言并非必要的行为或陈述。规则409与多数州的普通法规则一致，即关于医疗协助的证据在确立协助方的责任时不可采。

规则410专门对从刑事案件辩诉交易中得来的证据适用予以了规定。这条规则比规则408更加严格，它专门排除了从弹劾程序中获得的辩诉协商证据。

致歉如何适应于这一证据混合体呢？研究和经验表明，致歉在谈判中可能既是一种策略，又创造了价值。正如乔纳森·科恩（Jonathan Cohen）在《建议客户致歉》（*Advising Clients to Apologize*）中所解释的，致歉可以有诸多好处，包括有助于：

（1）修复和恢复受损关系。

（2）"避免在伤口上撒盐"，因为受损方可能会将缺乏致歉本身视为一种"极为无礼的行为"，而这会成为二次伤害的根源。

（3）平息怒气而避免未来的敌对行为。

（4）令严重问题的和解谈判成为可能或对其有所帮助，特别是在争议早期。

（5）对所有争议相关方提供某种精神和心理上的发展。

科恩认为，在大多数争议中，害怕负责是当事人致歉的主要障碍。除非致歉不被当作证据使用，否则对方当事人将不会承认它。当然，如果致歉发生在谈判过程中，那么它就可被上文讨论的规则408所调整。然而，在协商解决的语境之外，损害发生后立即做出的早期致歉则可能获得最大益处，但同时它也最可能不受法律保护。

　　某些法域通过颁布各种形式的"安全港"法令部分解决了这一困境。例如《科罗拉多州修正法案》（*Colorado Revised Statutes*）13 - 25 - 135 段规定，医疗保健提供者所表达"歉意、过错、同情、怜悯、慰问、慈悲或一般性爱心"的陈述，在对于预料之外的医疗结果的归责上，不作为证据可采。 38

　　鉴于致歉的好处和伴随的法律后果，对于是否致歉以及致歉的时机、策略及其细微差别是客户与律师讨论的一个重要主题。对此，科恩建议尽早表示同情，但较晚承认过错和悔意是一种可考虑的策略。另外一种可考虑的策略是利用调停对话彻底道歉。调停不仅是致歉的自然场景，而且还可能于此达成有效的秘密协议并受制定法保护。

二、程序规则对妥协要约的影响

　　《联邦民事诉讼规则》（*Federal Rules of Civil Procedure*）规则 68 以及州的类似制定法规则规定了提供和解的程序性激励。在过去，这些规则不常用，但现在已经形成趋势：这些规则被更频繁地适用，关于它们的潜在影响也越发为人知晓。例如，根据规则 68 的规定，庭审十四日前，被诉方可以向对方当事人提出判决提议，要求就已产生的金钱、财产或在要约指定范围内的费用做出针对自己的判决。如果十四日内提议未通过书面通知接受，那么该要约将被视为已撤销，其中证据除用于诉讼费用裁定外皆不可采。如果要约接受者最终获得的裁判并不比要约有利，那么接受者必须支付要约发出后产生的诉讼费用。然而，要约不被接受并不排除后续要约。 39

　　此外，根据规则 68，当某方当事人应负责任已被裁决、命令或判决所确定，而其负责数额或范围尚待后续诉讼程序判定时，被裁决承担责任的当事人可发出判决提议。只要在开始审理确定责任数额或范围十四日前的合理期限内发出判决提议，则该判决提议与庭审前所为要约效力相同。

围绕规则 68 的最重要问题是，由败诉方承担的诉讼费用是否包含律师费，通常这一费用构成诉讼费用的绝大部分。与英国的实践不同，在美国，除非存在明确的法定授权，否则律师费一般不会分摊给败诉方。虽然这一例外在"美国规则"中有所表达，但仍然存在强有力的政策论据支持将律师费包含在规则 68 条款中的"已产生费用"之中。某研究建议对规则 68 加以修改，以明确包括"律师费在内的诉讼费用"。一些州，特别是阿拉斯加州已趋向将律师费包括在内，其他一些州则允许**原告**提出这类裁判（《联邦民事诉讼规则》规则 68 只允许**被诉**方如此行事）。

三、谈判对诉讼时效的影响

有一件事原告必须做出抉择，那就是在进行和解谈判前是否应先起诉。特别在商业背景下，起诉同行是勉为其难。然而，直至诉讼时效启动，谈判会因给他方当事人提供诉讼抗辩而有持续性风险。

当潜在被告的违法行为尚未体现时，法院都会认为，仅有和解谈判正在进行的这一事实，不足以阻止诉讼时效运行。即便被告确实想要和解但却没有成功这点看似很清楚，这种结果也可能发生。此外，即便被告行动在某个时间点适时地导致了正当信赖，可如果其行为被中断从而留给原告充分的时间提起诉讼，那么被告仍被允许以诉讼时效作为抗辩事由。

第七节　紧张关系与挑战

在《冲突悖论：争议核心的七个困境》（*The Conflict Paradox：Seven Dilemmas at the Core of Disputes*）一书中，伯纳德·梅耶（Bernard Mayer）敏锐地观察到纠纷所涉及的多种紧张关系。通常，律师在给客户建议、计划谈判策略以及采取谈判模式方面会面临这些紧张关系。在接下来的章节中，你们将会看到这些紧张关系浮现出来。例如，在何种程度上你应当是"竞争的"或"合作的"？原则有多重要？在多大程度上它应让步于"妥协"？"逻辑"和"情感"在论证和裁判中应发挥何种作用？如何协调"乐观主义"和"现实主义"？在何种程度应当关注所有纠纷当事方的福利（"中立"与"团结"），而不是为了客户"自主"而狂热"辩护"？当然，挑战则是学会有效地驾驭它们。

第八节　自我测试

在阅读下面章节前，如果你完成如下四组"自我测试"将有所助益。对这些测试的反馈将在讨论前的恰当时刻给出。

一、自我测试一

对于法律谈判，每个人都保有一组理念、态度以及可能的方法。这些因素形成于法律谈判经验（如果具备）之前，其源于生活中许多的非法律谈判经验，源于某人对生活的一般感悟。在法律谈判中，律师的行为、方法和态度有可识别的模式。识别和理解这些模式是成为一名更具效率的法律谈判者的重要部分。

就这一自我测试而言，假定你作为律师正试图通过谈判解决一起悬而未决的民事案件，且你希望成为一名尽可能高效的法律谈判者。那么，你希望在谈判中展示如下哪些特征？你希望被看成是（选择你希望成为的）：

1. ＿＿＿＿刚愎的　　　　　　2. ＿＿＿＿温和的

3. _____ 乐于助人的	4. _____ 准备充分的
5. _____ 敏锐的	6. _____ 宽容的
7. _____ 自控的	8. _____ 有说服力的
9. _____ 轻信的	10. _____ 爱吹嘘的
11. _____ 聒噪的	12. _____ 善于分析的
13. _____ 诚实的	14. _____ 贪婪的
15. _____ 令人恼火的	16. _____ 对法律机敏的
17. _____ 顽固的	18. _____ 高效的出庭律师
19. _____ 随机应变的	20. _____ 好面子的
21. _____ 狭隘的	22. _____ 讲理的
23. _____ 容忍的	24. _____ 理性的
25. _____ 值得信赖的	26. _____ 笨拙的
27. _____ 心急的	28. _____ 拖沓的
29. _____ 爱抱怨的	30. _____ 有道德的
31. _____ 纵容的	32. _____ 好争辩的
33. _____ 务实的	34. _____ 多面手的
35. _____ 有创造力的	36. _____ 老练的
37. _____ 善于识人察物	38. _____ 情绪化的

43　　二、自我测试二

　　假定你正试图和解一起民事案件。在下面的自我测试中，就以下配对描述或方法做出选择。根据你现有谈判的理念、态度或方法，在每组两项中你更倾向的描述或方法是哪一个？如果你倾向：〔选择（a）或（b），不可两者都选〕

　　1. _____ （a）合作的
　　　 _____ （b）竞争的

2. _____（a）迂回的

　　 _____（b）直接的

3. _____（a）谦恭的

　　 _____（b）好斗的

4. _____（a）公平的

　　 _____（b）有野心的

5. _____（a）有风度的

　　 _____（b）强力的

6. _____（a）机灵的

　　 _____（b）真诚的

7. _____（a）不喜"夸大事实"

　　 _____（b）喜欢"夸大事实"

8. _____（a）咄咄逼人的

　　 _____（b）友好的

9. _____（a）强硬的

　　 _____（b）公正的

10. _____（a）务实的

　　 _____（b）要求过高的

11. _____（a）好说话的

　　 _____（b）死板的

12. _____（a）使用威胁 　　　　　44

　　 _____（b）避免威胁

13. _____（a）着眼于所有相关方的"公平"解决

　　 _____（b）特别关注自身有利可图

14. _____（a）固守立场的

　　 _____（b）愿意改变立场的

15. _____ （a）以个人策略战胜对方为兴趣

_____ （b）对战胜对手并不特别关注

16. _____ （a）留有余地的

_____ （b）不留余地的

17. _____ （a）好交际的

_____ （b）专横的

18. _____ （a）机智的

_____ （b）自负的

现在，我们利用下面的方式为这一自我测试计算出"参考数"。如果你选了列表中的某一项，在空格处写"1"〔例如，如果你选择 1（a）、2（b）、3（a）、4（a）等，则在空白处写"1"〕，然后计算出总数，它是 1 至 18 的一个数。

1.（a）_____　　2.（b）_____　　3.（a）_____

4.（b）_____　　5.（a）_____　　6.（b）_____

7.（a）_____　　8.（b）_____　　9.（b）_____

10.（a）_____　　11.（a）_____　　12.（b）_____

13.（a）_____　　14.（b）_____　　15.（b）_____

16.（a）_____　　17.（a）_____　　18.（a）_____

总计_____　　（"参考数"）

三、自我测试三

假定你正试图和解一起民事案件。在下面的自我测试中，就以下配对的描述或方法做出选择。根据你现有的法律谈判理念、态度和可能采用的方法，你将倾向于如何选择？〔选择（a）或（b），不可两者都选〕

1. 关于基本谈判策略, 你将

＿＿＿＿＿（a）确立谈判立场, 然后通过论证和妥协减少分歧

＿＿＿＿＿（b）着重满足当事人的偏好和需求?

2. 关于谈判议题, 你将

＿＿＿＿＿（a）它们明确表述为可划分的资源

＿＿＿＿＿（b）必须要解决的问题?

3. 关于谈判"资源", 你将

＿＿＿＿＿（a）着重于如何划分有限资源

＿＿＿＿＿（b）致力于创造其他资源。

46

4. 关于如何对待谈判中的无形事项, 例如苦痛, 你将

＿＿＿＿＿（a）通过谈判将这些事项转变成金钱并像其他金钱事项那样并予以分类

＿＿＿＿＿（b）拒绝通过谈判将无形事项转化成可分类的有形商品?

5. 关于谈判过程的概念化, 你将倾向将其视为

＿＿＿＿＿（a）成王败寇

＿＿＿＿＿（b）可能是共赢的结果?

6. 关于涉及违约的谈判, 你倾向

＿＿＿＿＿（a）仅从法权, 即法律权利以及法院执行救济的角度看待谈判

＿＿＿＿＿（b）将法权视为决定解决的其中一种因素?

7. 关于整体策略, 你将

＿＿＿＿＿（a）倾向采取"对抗"路径

＿＿＿＿＿（b）倾向进行"头脑风暴"与共同"解决问题"?

四、自我测试四

47

为了获得与法律谈判有关的可能问题的观点, 请指出你将如何

处理下述情境。

情境 1 假定一家保险公司正在辩护一起案件，该案由一位声称在交通事故中受伤的投保者发起。假定你代表原告，原告告诉你他获得 50 000 美元就愿意息事宁人。在与保险公司律师的谈判过程中，假定你被直接问到原告是否愿意接受 50 000 美元而和解。作为一种谈判策略，你会否认你的客户愿意接受该数额而和解吗？

_____ （a） 是

_____ （b） 否

情境 2 假定与情境 1 相同的事实，但原告已经指示你接受 50 000 美元的提议。作为一种谈判策略，你会否认你本拥有以该数额和解案件的权限而试图获得更多吗？

_____ （a） 是

_____ （b） 否

情境 3 假定与情境 1 相同的事实，但保险公司提出了 60 000 美元的和解提议，并且你已告知保险公司的律师，你"相信我们已经达成了共识"。作为一种谈判策略，你会让你的客户拒绝该协议而提出你自己的要求吗？

_____ （a） 是

_____ （b） 否

情境 4 假定与情境 1 相同的事实，但你在最近的司法裁判中发现，原告可获得救济的损害赔偿数额只有 15 000 美元，你会披露此点然后根据此数额去和解吗？如果保险公司已经提出了 60 000 美元的和解协议，那么你会在保险公司律师获悉新的司法裁判之前快速接受该提议吗？

_____ （a） 是

_____（b）否

情境5 假定与情境1相同的事实，但你发现你的客户在事故发生前公司举办的派对中喝了三个小时的马丁尼。假定根据具有直接管辖权的法域的法律，原告定将被认定为具有共同过失（这会彻底阻碍原告受偿）。如果在谈判中你被问及原告是否在事故前饮酒，你会对此予以否认吗？

_____（a）是

_____（b）否

_____（c）你会说自己不确定，然后就此告知客户。 49

你是会主动放弃此案还是在保险公司未知悉这些不利事实前尝试快速解决案件？

_____（d）主动放弃案件

_____（e）尝试快速解决案件

情境6 假定与情境1相同的事实，不同的是，你在上述纠纷中代表的是保险公司。你会愿意捏造你和另一律师之间的内部矛盾用以欺骗原告律师认为你是真的想帮助原告吗？

_____（a）是

_____（b）否

情境7 再次，假定你代表情境1中的保险公司。当新的不利信息（仍未被对方知悉）明显表明相反事实时，你会主张"事实看起来会解除保险公司的责任"吗？

_____（a）是

_____（b）否

情境8 再次，假定你代表离婚诉讼中的男方，且你正在为谈判进行开篇布局。作为一种谈判策略，即便客户已经明确告知你他 50

不需要抚养权，你仍会要求抚养权吗？

_____（a）是

_____（b）否

情境9 假定警察逮捕了一名强奸犯而你是检察官。强奸犯遭到起诉后，发生辩诉交易。随着谈判进行，你发现警察明显侵犯了犯罪嫌疑人的宪法权利。要是没有那些本应被排除的证据，则罪名不成立。那么你是会接受辩诉交易或是揭露侵害行为而释放强奸者？

_____（a）接受辩诉交易

_____（b）揭露侵害行为释放强奸者。

情境10 假定你代表劳资谈判中的资方。你的客户想你严正拒绝与工会谈判，因为公司人员已经过多，而资方认为罢工将可削弱工会。你会遵从客户的指引吗？

_____（a）是

_____（b）否

情境11 假定你代表原告追债。你的客户曾一时气愤地说到，"如果被告在和解中不同意偿还半数欠款，我有可能让他与混凝土柱环一起去垫河床。"作为一种谈判策略，你会提及客户的这些言论吗？

_____（a）是

_____（b）否

情境12 假定事实同情境11，但如果威胁并非仅仅是说说而已。如果这是真的，作为一种谈判策略，你会提及此事吗？

_____（a）是

_____（b）否

情境13 假定你代表合同纠纷中的原告，你会为了打破谈判僵局而威胁发起民事诉讼索赔吗？

_____ （a）是

_____ （b）否

情境 14　假定你在一起离婚诉讼中代表女方。你的客户揭露了一些信息，令你相信她丈夫的一些行为构成虐童。如果丈夫拒绝以任何合理的方式谈判，你会用丈夫以往的虐童行为作为威胁而促成严肃的和解讨论吗？

_____ （a）是

_____ （b）否

情境 15　假定事实同情境 14，但丈夫处于某种政治敏感立场而有可能因负面新闻报道而受到极大伤害。你会为了获得更有利的和解条款而威胁将其过往的虐童行为公之于众吗？

_____ （a）是

_____ （b）否

情境 16　假定你正在与一位律师谈判，你意识到他欠缺经验且准备不充分。在谈判中，对方律师做了许多毫无必要且不明智的让步。换言之，对方律师并不是一个称职的谈判者。你会"坐享其成"而让那位律师将案子搞砸，抑或是你会帮助该律师意识到作为对方当事人的适合代表需要做什么呢？

_____ （a）我会"坐享其成"而让那位律师将案子搞砸。

_____ （b）会帮助该律师意识到作为对方当事人的适合代表需要做什么。

情境 17　假定你面临着和情境 16 同样的场景，但不同的是，这种不适合是因对方律师个人酗酒所致。假定你可在谈判中利用此点而得到一种不公平的和解，你会仅仅旨在达到客观公平的数额吗？

_____ （a）是

_____ （b）否

53 　　**情境18**　假定在一起离婚诉讼中你代表男方，且你正在与女方的律师谈判。假定你的客户希望获得其三岁女儿的抚养权，且女方乐意放弃抚养权而换取高额赡养费。假定你在和解提交法院时，可以最大限度地减少你客户的负面信息（这些信息可能影响法院基于对孩子造成的可能伤害而拒绝判予抚养权）。你会做出客户希望你做出的赡养费的提议吗？

_____ （a）是

_____ （b）否

你会优先为男方争取抚养权吗？

_____ （c）是

_____ （d）否

你会最大限度地克制使用辩护技巧，并在和解协议提交至法院批准时揭露可能导致的伤害吗？

_____ （e）是

_____ （f）否

　　情境19　假定你代表客户购买一处不动产。假定对该财产，你被授权可做出 1 000 000 美元的要约，且这是获得该财产最称心如意的价格（公平市场价）。然而，在做出要约前，你意识到由于最近的

54 发展，海外业主并未意识到该不动产的当下市场价值已经翻倍。假定该业主接受 500 000 美元的出价，你会根据较低的数额做出要约吗？

_____ （a）是

_____ （b）否

你会揭露最近的发展情况吗？

_____ （c）是

_____ （d）否

　　情境20 假定你代表保险公司为一起人身损害索赔案辩护。假定原告律师严重低估该案并表示原告愿意以 50 000 美元和解，而审判很可能裁定至少五倍数额。那当你知道这一和解会令原告长期卧病不起且因持续不断的医疗费用变成赤贫时，你还会以 50 000 美元（或是更少）达成和解吗？

　　_____（a）是

　　_____（b）否

第 **2** 章 高效法律谈判者和低效法律谈判者：法律谈判的模式、策略及阶段

成为高效法律谈判者的关键是有能力识别和理解谈判者在法律谈判中通常会采取的基本谈判模式以及可能运用的基本策略。此外，知晓无论采用何种模式或策略而令法律谈判高效的那些特征也必不可少。根据这种知识，对法律谈判者而言，有能力有意识地采取某种适合于情境的模式和策略也极为重要。本章主要着眼于法律谈判中可能用到的基本策略选择以及作为法律谈判模式的基本要素和动向。

第一节 高效法律谈判者的特征

已有三份重要的经验研究将律师谈判特征作为主题。早期，切斯特·卡拉斯（Chester Karrass）曾对资深采购专员做过一个调查，以确定谈判者的效率。此后，他还就包括律师在内的其他专业人士所从事的商业活动做过后续研究。如下特点是用于描述**高效法律谈判者**的（每组列表以降序排列并强调了前两个特征）。

工作效能组
（1）计划

（2）问题解决

（3）产品知识

（4）主动性

（5）可靠性

（6）目标渴求度

（7）持久力

进取组

（1）权力利用

（2）坚持不懈

（3）团队领导

（4）竞争性

（5）鼓励

（6）风险承担

（7）防御性

社交组

（1）个人诚信

（2）虚心

（3）机智   57

（4）耐心

（5）个人魅力

（6）信任

（7）妥协

（8）外貌

交往组

（1）口齿清晰

（2）倾听

（3）融洽温馨

（4）协调能力

（5）辩论

（6）角色发挥

（7）非言语交际

自我评价组

（1）赢得对手尊重

（2）自尊

（3）自控

（4）遵守伦理规范

（5）个人诚信

（6）风险厌恶

（7）获得"老板"尊重（雇主？客户？或两者兼有？）

（8）组织地位

思维组

（1）压力下的清晰思维

（2）分析能力

（3）洞察力

（4）实践智慧

（5）决断力

（6）谈判经验

58

（7）广阔视野

（8）教育

在卡拉斯研究中，与其他专业人士相比，律师将商业谈判更多地视为一种解决问题的任务而非对特定目标的追求。

在 1976 年进行的一项关于法律谈判者的最重要的经验研究中，威廉姆斯教授及其三位同事要求众多事务律师去详细描述他们所认为的高效、普通和无效的谈判者的特征。本书第一章第八节中的自我测试一，反映了由那些律师所提供的描述。当中的一些描述是法律谈判者可被评定为高效谈判者的特征。这些特征，无论法律谈判者倾向于采取何种模式和策略都是基础性的，且你本应在自我测试中选中。（以下括号中数字代表前文第 27 页第八节中自我测试一的选项。）

第一，高效的法律谈判者会被视为**准备充分的**（4）。

第二，高效的法律谈判者会被视为**对法律机敏的**（16）。这一特征意味着他们会做功课以使得自己通晓与案件有关的法律和程序分支。它还意味着他们对这一信息具有良好的判断。

第三，高效的法律谈判者被视为**务实的**（33）、**理性的**（24）、**善于分析的**（12）、**讲理的**（22）。这些特质比"像律师一样思考" 59 意味着更多。它们对谈判者在何种程度上可靠地参与了事实润色解释、要求损害索赔和其他经济需求施加了限制。这些特质还限制了个人情感在个案中的介入等级。

第四，高效的法律谈判者被视为是**有创造力的**（35）、**多面手的**（34）、**随机应变的**（19）。换言之，他们能寻求创造性解决方案以及妥协。

第五，高效的法律谈判者被视为是**老练的**（36）。这并不令人惊讶，因为大多数律师都会认为谈判效能会随着经验增长而改进。然而，威廉姆斯教授建议，这一特征的意义可通过某位律师的评论获得最优阐释："你要想充满自信并有力传达这种自信，足够的经验极为重要。"

第六，高效的法律谈判者被视为是**有道德的**（30）、**值得信赖的**（25）、**诚实的**（13）。一般来说，他们也会对谨慎遵守律师界的习惯和礼仪。

第七，高效的法律谈判者被视为是**自控的**（7）。他们很难被他人情绪操控。

第八，高效的法律谈判者被视为**善于识人察物**（37）。这一特质不仅仅指律师有能力在谈判中判断对手的反应，也指能从对手那里正面学习。

60 　第九，高效的法律谈判者被视为**敏锐的**（5）。在一定程度上，该特质与有能力洞悉对手策略及其对该策略的自觉反馈有关。当然，它还与律师能够全盘、精确洞悉整个案件的能力有关。

第十，高效的法律谈判者被视为是**有说服力的**（8）。

最终，高效的法律谈判者被视为是**高效的出庭律师**（18）。关于支持该特质的一种理由可能与其他潜在共享特征相关。例如，充分准备、有能力洞悉策略效果、有能力令人信服。此外，如果谈判者被认为是虚弱无力的出庭律师，那么通常而言，将他们带到法庭上而非与其达成合理的和解会带来更大益处。

因为弱势的出庭律师知道他们的客户将在那蹩脚的庭审中获得多差的服务，所以他们会将案件打折为一种与对方解决冲突以及避免庭审成本与益处的诱因。严肃地说，参与法律纠纷（不同于不可诉事项）的谈判律师，要么必须发展作为出庭律师所需的大量专业技能，要么必须公然地将自身与高效庭审顾问的形象联系起来。这种联系可通过作为律所合伙人、被推荐人或其他方式达致。

第二节　低效法律谈判者的特征

　　与上节讨论的高效法律谈判者的特征相对，如果你选定了本书第一章第八节自我测试一的如下任一特征，那就应有所警觉：**刚愎的（1）、温和的（2）、乐于助人的（3）、宽容的（6）、轻信的（9）、爱吹嘘的（10）、聒噪的（11）、贪婪的（14）、令人恼火的（15）、顽固的（17）、好面子的（20）、狭隘的（21）、容忍的（23）、笨拙的（26）、心急的（27）、拖沓的（28）、爱抱怨的（29）、纵容的（31）、好争辩的（32）、情绪化的(38)**。在威廉姆斯教授的研究中，这些特征与低效法律谈判者有关。

第三节　法律谈判模式

　　一、"合作型"法律谈判模式对"竞争型"法律谈判模式

　　威廉姆斯教授的研究发现，绝大多数的执业律师会就以下两种基本法律谈判模式择一遵循：①**在心理上亲近**对方谈判者的"合作"模式；②**在心理上针对**对方谈判者的"竞争"模式。如果你在本书第一章第八节中自我测试二的总参考数是 9，那么你处于中点。如果总数等于或多于 10，那么你倾向于合作模式。如果总数少于 9，那么你倾向竞争模式。此外，如果你在自我测试二的总参考数等于或大于 14，那么与法学院大多数刚上法律谈判课的大二、大 三的学生的大样本相比，你更倾向于合作。如果总数是 13 或更少，那你更倾向于竞争。

　　二、合作模式

　　在一份关于执业律师的科学收集样本中（但并没有足够比例的

妇女就其在不同范畴的分类上提供可靠的统计数据），威廉姆斯教授发现，65%的律师会采纳合作模式。采纳竞争模式的有24%。这两种模式具有代表性，仅有11%的人遵循的是这两种模式之外的其他可识别模式。

在同样的样本中，大约有一半的律师被认定为是高效谈判者，38%的人是普通谈判者，还有12%的人则是低效的。然而，采纳合作模式或竞争模式与高效不必然相关。在那些对合作模式和竞争模式择一从之的高效谈判者中，6%的人采纳竞争模式，38%的人采纳合作模式。合作律师在高效谈判者中的比例较高，这意味着要成为高效的竞争型谈判者难度更大。在那些对合作模式和竞争模式择一从之的普通谈判者中，10%的人采纳竞争模式，24%的人采纳合作模式。而对于低效谈判者，8%的人采纳竞争模式，2%的人采纳合作模式。

这一部分将主要讨论合作模式的基本要素及其动态机制，即这种法律谈判模式如何运作以及什么特定因素决定了谈判效能。

（一）基本要素

高效的合作型谈判者所采取的一般方法是，以某种相对客观、公平、可信的方式去谈判，并通过公开信息交换达成协议。这种模式的动态机制是**在心理上亲近对手**。合作者会对共享的利益、价值和态度观念进行交流；他们寻求共同基础并促进一种互信氛围；他们会利用"喜好原则"——人们"倾向满足自己所熟悉或喜欢的人所提出的要求；他们会运用理性的、合乎逻辑的说服作为寻求合作的手段；他们试图希望通过客观分析法律与事实得到公平结果，而不是为他们自身或客户寻求某种特殊利益"。

在合作模式中，妥协至关重要，它是体现合作谈判者善意的一个重要方式。合作者相信，这会给对方产生"礼尚往来"的道德义

务。因此，他们做出单边妥协以促使对方：①报答；②公开客观地   64
合作去解决问题；③放弃对抗；④形成解决。

合作型谈判者对公平十分看重，他们不将谈判视为博弈。对他们而言，制胜之法在伦理上值得怀疑。他们觉得，通过心理针对他人而促进自身获益是一种操控。

（二）高效的合作型谈判者

威廉姆斯教授发现，高效的合作型谈判者具有四个主要目标和关注点：①他们十分关注伦理行为，因此，他们洁身自好；②他们希望尽可能为客户和解，但是这一目标受到公平和解观念的调控。换言之，公平标准和伦理问题会限制他们的行为；③他们关注客户所需，如果可能，他们希望能够不通过诉讼满足那些需求；④他们还希望与对手建立或维持良好的人际关系。

高效的合作型谈判者被人视为是**公正的、讲理的、客观的、有逻辑的**（而非情绪化的），他们也愿意设身处地；他们的起始立场是务实的（但对谈判留有余地）、有事实支撑的，但也直接坦率；他们被视为是**睿智谨慎的、做事有条不紊的合作者**；他们试图促成   65
协议，避免利用威胁，并且会对手头上的案子做出精准评估；他们对客户需求很敏感，同时也愿意与对手分享消息。

高效的合作型谈判者都是风度翩翩的。他们被视为是**友好的、有礼的、机智且真诚的**。然而，他们并非"软柿子"，因为根据定义，他们是高效的谈判者。

（三）低效的合作型谈判者

与高效的合作者类似，低效的合作者也是讲究道德、诚信和公平的，他们也风度翩翩并经验丰富。但是，低效的合作者缺乏令其高效的对应技能和态度。例如，敏锐、有说服力或通情达理，其中也包括务实、理性且善于分析。他们还缺乏创造力、自控力；他们既非多面手，同时处理事情也不够客观和有条不紊，在法律上他们也不够敏锐。

低效法律谈判者的一个重要特点是，他们无法对案件进行正确评估并以有说服力的方式传达。研究表明，低效的合作型谈判者被认为对案件评估没有自信，即保守、拖延、小心谨慎、思考过多。类似地，低效的竞争型谈判者也是如此。

威廉姆斯发现，一方面，低效谈判者会显得彬彬有礼、乐于助人，富有耐心、温和宽容；另一方面，又过于苛求和好辩。他们在两端之间举棋不定以致被蹂躏。由于他们并非多面手，而且还缺乏适应性、创造力和智慧，因此他们多少具有理想主义倾向。此外，他们倾向于轻信对手及其话语。

（四）合作模式的风险

合作模式的主要缺陷在于容易被利用。它要求两人相互合作而达到最大化的共同结果（即双方获得最大益处和最小损害）。这种模式要想成功，双方必须为此真诚努力。与此相反的是，仅有一方在战略对抗中通过恐吓和计谋实现自身利益最大化。

在谈判中，当合作型谈判者要与强硬的非合作型谈判者试图建立合作互信的氛围时，他们可能会有一种令人担忧的倾向，即忽视了互惠合作并不存在而只是自己一厢情愿。他们的这种风格要求他们持续不断地对案件予以客观公平的讨论，并就自身弱点做出妥协以及放弃自私自利。

在这种情况下，强硬的谈判者全盘接受公平和合作带来的好处而无需"投桃报李"。因此，合作者可能将自身置于极为不利的境地。他们忘却攻击对手观点、承认自身立场弱点，接受那些毫无互惠价值可言的东西。这一风险还因某些合作者在面对老道的合作型谈判者时无力及时识别实情以及谈判如何片面不公而变得更大。

一些律师争辩到，在谈判早期，合作型谈判者不应惧怕给人软弱的印象，因此这会诱导强势对手高估自身并暴露策略。但威廉姆斯教授认为，出于这种方法所蕴含的三种成本，该论证并不好：①形象损失；②立场损失；③谈判资本损失。

第一，这种方法涉及**形象损失**。竞争型谈判者将合作视为软弱的表现。在他们看来，强者以及拥有有力证据的人根本无需单边让步或承认自身弱点。当他们遇到合作型谈判者，他们实际上会就案件可获得的要求与预期**提高**等级。

第二，这种方法涉及**立场损失**。一旦合作型律师做出让步，那他们就很难走"回头路"。要想挽回丧失的立场将是棘手的、浪费时间的。而且，有时还根本不可能。

第三，这种方法涉及**资本损失**。妥协本就是一种谈判资本。谈判过程的绝大部分，就是提出和考量主张，并做出妥协。在这一过程中，谈判者必须"有货可换"。这解释了为什么很多谈判者会在谈判之初持有极端立场——创造交易资本。如果在过早的谈判阶段就做出过多妥协，那么合作型谈判者则可能在强硬对手最终乐意让步时已无筹码。

三、竞争模式

这一部分将讨论竞争模式的基本要素及其动态机制，即这种法律谈判模式如何运作以及什么特定因素决定了谈判效能。同时，该种模式的风险和危险也会涉及。

（一）基本要素

竞争型谈判模式的潜在动态机制是**在心理上通过言辞或行动针对对手**。竞争型律师的策略包括高调的开场要求、鲜有妥协、夸大其词、挪揄嘲弄、威胁攻击、谴责指控。他们对法律谈判持有一种策略制胜的态度，就像在扑克游戏中。这种方法会对对手造成高度的紧张和压力。

这些策略对对方感知的影响是该模式成功的关键。用心理学的术语表达，竞争型律师的强硬与威胁会对对方当事人的情感起作用，导致对手被情绪问题所困而丧失对案件客观利弊的观察。因此，这是一种操控式方法。如果这些竞争策略有效，那么对手将经历因情绪化所导致的"视域狭隘"和思维紊乱。他们会失去自信、降低预期，并接受比他们本能获得结果更差的和解结果。

（二）高效的竞争型谈判者

根据威廉姆斯教授的研究，高效的竞争型谈判者会被视为**有统治力的、竞争的、强力的、强硬的、好斗且不乐于合作的**，他们会提出**很高的开场要求**。研究表明，高效的竞争型谈判者有能力通过有说服力的法律论证为这种高要求树立威信。他们利用威胁并乐于扩展有利于客户的**事实**；他们**坚持己见，并对案件信息慎之又慎**。有时，他们会制造"虚假议题"（对那些他们实际上并不认为重要的议题给予引人注目的承诺）以获得谈判资源，这会使得他们可以用这些议题换取对手更大的让步。

高效的竞争型谈判者有三个主要目标：①他们希望为客户争取最有利的和解方案；②他们希望为自身获得最可观的律师费；③他们希望超过或以策略战胜对手。然而，与合作型谈判者不同，对竞争型谈判者而言，为客户获得最大价值的和解目标意味着某些不同的东西，这一目标既包括自身获得的金钱报酬，还包括击败对手的成就感。

不同于追求对双方都公平的结果，竞争型谈判者试图击败对手获得完胜。合作者觉得案件应当根据是非曲直客观评价，而竞争型谈判者则觉得应当竭尽全力令对手认为自身具有比起实际所具有的更大弱点。竞争性方法还减轻了过早做出过多让步的风险。然而，高效的竞争型谈判者是**理性的**，他们会做妥协。这种模式的秘诀在于，看上去刻板且不理性地说服对手不得不主要以他们的条件达成协议。

竞争性方法的效能取决于是否制造足够的压力和紧张，以激发对方当事人的情绪化反应并降低预期。特别在复杂案件中，运用竞争型模式可能会比合作型模式产生更有利的结果。但如果压力过大或是持续过久，则可能事与愿违，并在审判中遭遇报复性的不利结果。

（三）低效的竞争型谈判者

低效的竞争型谈判者可用一些负面特征予以刻画。威廉姆斯教授发现，低效的竞争型谈判者仅与高效的竞争型谈判者共享一个个人特征：**自我本位**。低效的竞争型谈判者是**刚愎的、无耐心的、狭隘的、死板的、聒噪的**；他们**贪婪、苛刻、笨拙、不讲理、自大且不愿意合作**；他们**喜欢抱怨、尖酸刻薄且为人不真诚**。

71

低效的竞争型谈判者还**表里不一**，他们喜欢**共谋、任性、难以捉摸、爱推卸责任**；他们**多疑、不信任他人，并不善于洞悉对手**；他们**粗鲁、不友好、好争吵、喜欢故意刁难**；他们对**对方律师和客户的需求毫不在意**。总言之，他们**令人恼火和讨厌**。

与高效的竞争型谈判者类似，低效的竞争型谈判者也会提出极高的开场要求，但他们明显缺乏以具有说服力的论证支持其要求的能力。他们**不容讨价还价**以及利用**威胁**。然而，他们只是**虚张声势**，他们固守成见、不愿改变；他们利用狭隘的谈判策略，他们也是低效的出庭律师。他们还缺乏洞察力、说服力、分析能力，他们不切实际、缺乏自制。这就是这类谈判者所体现出的特征。

低效的竞争型谈判者缺乏社交能力。由于低效的合作型谈判者并不缺乏这种能力但却依然是低效谈判者，因此看起来是否重视社

72 会礼节并不会决定律师的效能。研究表明，如果强硬的法律谈判者对社会礼仪不很重视，但如果他们能在谈判中展现自身是有洞察力、分析能力、务实且有自控力的，那么他们的工作也会很高效。在低效的竞争型谈判中，由于缺乏这些特征，谈判者会被认为是**好辩的而令人恼火的**。

低效的竞争型谈判者为了掩盖自身准备不足，常常诉诸虚张声势、恃强凌弱、避实就虚等策略。看上去，其与高效的竞争型谈判者的潜在差异在于他们从事法律实务的质量。这包括：律师调查事实的专业能力、对可适用法律规则的学习和理解、对案件评估持有务实立场、能够以被其他律师接受为理性、公平和有说服力的（令人信服的）方式表达自身观点。

由此可见，准备充分的律师几乎没有理由好斗好辩、粗鲁无礼。他们可根据自身立场的是非曲直开展工作，而不是对对手发起人身攻击或是通过拖延时间、虚张声势，或是争吵去占便宜。即便谈判者已准备充分，然而请回忆第一章第四节第一部分，在某些交易场合下，对抗方法可能会被认为是违反礼仪而适得其反的。在一些国际法律谈判中，这可能也不甚恰当。

最后，低效的竞争型谈判者在伦理上会获得极低的评价而不值得信赖。他们会被认为既**不光明正大**，又是**纵容的**。

73 （四）竞争型模式的风险

谈判中的强硬态度以及单方承诺，会显著提升谈判者及其所代表当事人之间的紧张和不信任以至损害二者的关系。此外，当谈判律师们可能在未来一段持续的时间内再次遭遇时，这种由先前案件导致的紧张与不信任，会对相同对手的后续案件的动态发展和结果有所影响。这一效果会因律师的名声而放大，并在同行内众人皆知。

利用威胁和个人胁迫会导致压力。研究表明，压力削弱谈判者理解对手的想法、计划或愿望的能力。一个间接影响是，扭曲了谈判者间的交往。研究表明，当人在紧张和不信任的情况下交往，他们会夸大共识和分歧。因此，竞争型谈判者会相信他们的对手会比实际情况更倾向于与其达成一致。因而，这样的谈判者可能会转入议程中的下一事项；如果议程结束，则会结束谈判，或是认定其对手与其有重大分歧而不会对可预期协议进行承诺。

此外，当竞争型谈判者开始误读对手的协定时，他们往往会毫无根据地提高要求和预期，这可能会给谈判带来灾难性后果。此时 74 最好的情况是，双方需要做出实质努力去克服足以令他们分道扬镳的误解，但因为他们之间的一些隔阂其实是虚幻的，因此这些努力只是徒劳。

强硬和威胁的另外一个后果是可能会对之后的案件庭审造成损害。当情绪恣意而发生僵局时，被冒犯的一方通常会对不公正对待义愤填膺。恼怒的对手会通过更为努力的工作和创造尽可能多的障碍对强硬的谈判者打击报复。

威廉姆斯教授对几百位菲尼克斯城的律师的研究表明，与高效的合作型谈判者相比，高效的竞争型谈判者面临僵局的比例会高得多。高效的合作型谈判者，能就84%的案件达成和解，剩下的16%则会走向诉讼。相比之下，高效的竞争型谈判者仅就67%的案件达成和解，剩下的33%则会谈崩而走向诉讼。这一比例刚好是合作型谈判者的两倍。

该研究还表明，普通的竞争型谈判者会比普通的合作型谈判者拥有更高诉讼率。后者能有62%的案件达成和解，38%走向诉讼；而前者各占一半。

然而，对低效的合作型和竞争型谈判者来说，和解率的关系则 75

发生了改变。低效的合作型谈判者仅有36%的案件得以和解，64%的案件则会走向诉讼。与此同时，低效的竞争型谈判者则可以和解67%的案件，而只有33%案件走向诉讼。对这种差异的一种解释是，可能是低效的合作型谈判者自身太软弱，作为防御，他们觉得为了保障客户，将案件诉诸审理理所应当。然而，鉴于他们的审判效能也很低，因此这种保障极为可疑。但是，这却将责任从自身转移到了法院身上。

另外，低效的竞争型谈判者会依靠虚张声势。他们对法律或事实问题准备不足，对法律也不够敏感。他们依赖于提出极端要求、争吵、敌对、粗鲁，以及其他能强迫对方做出和解的策略。如果他们的虚张声势没有效果（通常如此），他们则会"如坐针毡"。作为低效的出庭律师，如果他们试图诉讼，他们将会把自己虚张声势的形象公之于众。对他们而言，最安全的选择是死撑到最后一刻然后乖乖认输。

高效的竞争型谈判者和普通的竞争型谈判者具有较高的僵局率和诉讼率，这在本质上并没有什么不妥。竞争型律师有可能因为他们的强硬而在和解中获得更优结果，而较高诉讼率就是他们付出的代价。然而，审判会带来高昂成本，会失去有益于双方的创造性解决机会，而那些进行诉讼的客户可能还要对那些和解的客户进行倒贴。竞争型模式的这些风险和责任或许解释了为何鲜有律师能够将其运用自如。

四、被推崇的混合模式

基于威廉姆斯的研究，他得出如下结论：对法律谈判的模式而言，最有效的方法是"混合"模式。这种方法能"以巧妙和令人信服的方式集两家之长"。在他的《高效谈判与和解中》，威廉姆斯建议谈判者，运用这种"混合"模式的整体目标是让其看上去：

①是"合作的"；②是"值得信赖的"（这两者源于合作模式）；③同时是强硬的（源自竞争模式）。运用这种模式，谈判者会使得对手相信：①谈判者的主张强而有力且有能力捍卫；②对手为了解决案件将不得不做出重大让步；③这样做最符合对手的利益。

威廉姆斯认为，"合作"和"强硬"分出两个极端。他建议，可以利用如下方法将这两个看似难以兼容的极端在谈判中予以整合。根据竞争模式，谈判者应当：①有意识地养成高预期；②以相对高的要求去开始谈判，其本质就是下面第六节所讨论的"极大主义"立场；③有说服力地展现其立场强度；④在规模、数量和频率上，维持相对较低的妥协率。谈判者运用这种混合模式必须特别注意：①"以在策略上最有利的方式对案件予以概念"化；②持续地"促进这一概念化并为其辩护直至案件结束。"

在混合模式中，"强硬"会被如下因素平抑：①向对手展示"谈判者在为了达致可接受的结果而愿意做出有意义的妥协"；②承诺"为了寻求最优解决方案而合作"；③对对方的需求和问题表示理解；④对对方处境表示理解和同情。一些实质的"无偿让步"有助于对方确信谈判者愿意合作。此外，谈判者运用混合模式要避免竞争型谈判者所具有的威胁、虚张声势、花言巧语这样的特征，以提升他们愿意合作的形象。

最后，威廉姆斯认为，运用混合模式的谈判者应当对谈判过程非常敏锐和留意。此外，正如第四章节所讨论的，谈判者必须对对方在每一谈判阶段所采用的战术高度警觉，并采取措施抗衡并削减其效用。

其他有经验的谈判者也推荐这种混合模式。例如，在《精明谈判：如何在现实世界中成功交易》（*Smart Negotiating: How to Make Good Deals in the Real World*）一书中，詹姆斯·费罗因德推荐采纳

78　并运用"两家之长"：①强调手段、信息，并从竞争模式中获益；②问题解决的重要性（包括对方的问题），根据竞争模式提出令人信服的理由并能创造性思维；伴以③优秀的谈判"博弈计划"、追求信誉，并为"维持这种恰当平衡保有良好判断"。

五、关于法律谈判模式的最新研究

2002 年，安德莉亚·库普佛·施耐德（Andrea Kupfer Schneider）在《哈佛谈判法律评论》上发表了名为《打破谈判迷思：谈判模式效能的经验证据》（*Shattering Negotiation Myths*：*Empirical Evidence on the Effectiveness of Negotiation Style*）的研究结果。她的研究，对上部分讨论的威廉姆斯教授的研究有所深化。其研究试图反映自 1976 年威廉姆斯教授研究之后：①律师界有更多的女性律师，在成员构成上发生了剧烈变化；②法学院的学生与律师已经接受了更为广泛的谈判与调节技能培训；③其他的一些发生在法律职业和法学教学中的重大发展。

运用最新的等级量表，反映出"谈判研究学者所使用的现代词汇表"以及某种更为广泛的人口统计学基础。施耐德教授通过对两个集群的数据进行"双极分析"（bipolar analysis）而表明，"过去
79　二十五年间，已有两种（法律）谈判明显分流"。她的研究发现，现在只有用两个形容词去描述谈判**行为**才可与高效法律谈判者的两种基本模式重叠，即：①"老道的"；②"自信的"。

此外，相比威廉姆斯的研究，竞争型谈判者被视为高效谈判者的比例在他的研究中大幅下降。同时，竞争型谈判者被视为低效谈判者的比例大大上升。鉴于一系列调查结果，施耐德教授得出结论："看上去，这些模式之间的分化在加深。当……合作型谈判者所构成的团体几乎没有变化的同时……竞争型谈判者的团体则看上去更为极端和负面。"此外，随着竞争型"谈判变得越发极端，其

效能随之更低。这对那些有志成为'兰博'（Rambo）那样的高效谈判者而言是一个深刻的教训"。

至于谈判的**目的**（不同于行为描述），施耐德教授认为，与威廉姆斯的早期研究类似，高效谈判者仍然有一些共存目的而无论其谈判模式。高效谈判者被认为在乎客户利益，极为重视为客户和解，并保证客户需求得以满足。

此外，施耐德教授的研究认为，当下两种高效谈判者类型都被认为：①"是有智慧的"；②"遵循客户最优利益行事"；③"在法律允许的范围内积极代表客户"；④"在法律技能操作上令人满意"。总之，施耐德教授认为，"他们坚定而自信、聪慧且准备充分"。

至于标签，施耐德教授则感觉在威廉姆斯的研究中，其"合作"标签会导致法律人在"律师实际上是被如何描述的这一方面上做出错误假定，包括诸如尽力争取和解、老道的、理性的、善于分析的等描述符"，并"臆断'合作'仅描述了那些温和、逆来顺受且为了温饱而愿意妥协的'软柿子'"。特别是在问题解决上，这种律师看上去无法鉴别高效合作谈判者和低效合作谈判者的差异以及谈判模式的策略互动。

第四节　法律谈判策略

法律谈判者除了会采取某种谈判模式（合作型或竞争型）外，还会采取某种基本的谈判策略。在这一方面，本书第一章第八节的自我测试三体现了在诸多对描述或方法之间的选择。这些基础选择是由凯莉·门克尔－梅多（Carrie Menkel-Meadow）教授所发展的。每对第一项体现了"对抗"策略，第二项则体现了当事人寻求共赢

81　的"问题解决"策略。在这一部分，将讨论这两种极为不同的策略，下一部分则讨论它们与法律谈判模式如何互动。

一、对抗策略

（一）"目标点""最小意向""保留点"和"阻力点"

对客户与律师而言，法律谈判的一种可能方法是设定币值数，通常其被命名为"目标点""最小意向""保留点"或"阻力点"。目标点体现了**客户希望达致的**。最小意向、保留点阻力点则反映了**客户愿意接受的最次可解**，这通常被称为"底线"。低于此点，客户则愿意形成僵局或相持。

将谈判当事人的最小意向或阻力点综合起来，则可确立"**议价范围**"或"**可能协议区**"（"ZOPA"），其由双方各自阻力点间的所有可能结果构成。有时，它还称作"**积极议价区**"。例如，假定原告的最小意向或阻力点是 60 000 美元，目标点是 90 000 美元；被告的最小意向或阻力点是 75 000 美元，目标点是 50 000 美元。那么 ZOPA 就在 60 000 美元和 75 000 美元之间，这就为谈判结果（"**交易点**"）确立了范围。

82

被告目标点	原告最小意向	被告最小意向	原告目标点
▼	▼	▼	▼

| \$ 0 | \$ 50 000 | \$ 60 000 | \$ 75 000 | \$ 90 000 |

▲ - - - - - - - ▲

议价范围

在谈判期间，每方当事人会以要约和反要约的形式提出"立场"。通常，当事人会就其立场之"理据"进行论证。双方都会试图在范围内，朝着有利自己的方向改变议价范围参数和交易点。除非协议在某个议价范围内的某个交易点达成或是形成僵局，否则他们会不断追加要约和反要约。

门克尔－梅多教授指出，目标点和阻力点通常会以可替代物的方式设定，通常是以金钱为可替代物。那些不易量化的事项，例如苦痛，会转化为货币数并加到其他货币数当中，并在谈判连续统中被当作可替代事项。当事人会以要约、反要约、让步的方式努力达成谈判结果。这种策略方法在本质上是"线性的"。沿此线运动，则体现出一方所得而他方所失的胜负博弈。

这种对抗策略，体现出谈判理论家所称的"零和博弈"。在这种博弈中，损失与获益等量。其目的在于，当事人通过运用这种策略（单方获胜或获益）以使得利益最大化并进而导致损益负债表总是为零。实际上，当事人只是通过**"分配议价"**或**"价值索取"**瓜分"固定蛋糕"资源，一方所得正是他方所失。

审判裁定是典型的零和博弈（除了在起诉的成本不平衡时，一方当事人可能会付出比他方当事人多得多的成本而无论何方输赢）。零和博弈的另外一个例子是体育竞技（某队或某人获胜则意味他方失败）与雇佣配额。分配式（零和）方法通常被认为是"低效的"，因为它无法很好处理损失分摊。它们给予成王败寇式的解决方案，这常常令谈判具有高度争议与对抗。

（二）案件评估的影响以及对抗谈判中的"格式合同"

在法庭上可执行的法律权利与救济为民事法律纠纷的谈判和解提供了框架。如果被告拒绝谈判和以令人满意的条件达成和解，那么原告则可能从法院那通过获得可执行的裁判或命令，以从被告处获得赔偿或救济。由于民事诉讼谈判常以庭审结果为背景，因此，对很多谈判者来说，预测给定案件的庭审结果对设定初始谈判立场、阻力点、目标点以及评估和解提议的合理性发挥着重要作用。

因此，正如门克尔－梅多教授敏锐地指出，看起来，谈判者采用对抗策略是受到诉讼中"法律的影子"的强烈影响。类似地，在合同交易中，谈判者看起来会受到"格式合同影子"的强烈影响。通常，采纳对抗策略的律师只会考虑有限事项，即法院根据损害赔偿、禁令救济或传统形式条款或普遍商业实践所裁决的事项，即便其他更具创造性或非常规条款更利于当事人的特定利益和需求。

正如本章下一小节所讨论的，讨论和故作姿态（"竞争性动态机制"）所具有的传统的争辩本质，反而抑制了发现创造性解决方案。正如罗杰·费什（Roger Fisher）和威廉·尤里（William Ury）在《达成一致：无需让步的谈判协议》（*Getting to Yes*：*Negotiating Agreement Without Giving In*）一书中所敏锐指出的那样，"双方之间的激烈竞争"在很大程度上会变成"意志的较量"。通常，这一过程看起来体现了查尔斯·狄更斯（Charles Dickens）早在《荒凉山庄》（*Bleak House*）中就提到的："没有两个律师可以在不撕破脸的情况下谈话超过五分钟"。

（三）谈判协议最佳替代

罗杰·费什和威廉·尤里没有强调最小意向，他们建议关注焦点应当是"谈判协议最佳替代"（"BATNA"），即如果谈判协议未达成双方可能取得的最佳结果。在人身损害赔偿、辩诉交易和其他诉讼情境下，各方的 BATNA 应反映对诉讼可能达致结果的现实评价。在这种语境下，某个关于大概率诉讼结果的有意义陈述，是客户为了对是否提出或接受案件和解做出知情决策的最重要信息。要客户根据律师所言——例如一卷客户咨询录音带中曾提及，"你已稳操胜券，但是如果去打官司则总是不靠谱"——做和解决定就并非很奏效。

对大概率结果尽可能地用描述性或数学语言表达常常更有意义。例如，法律谈判者可能这样表述他们的评价："我想说的案子十拿九稳。我认为你将是一位能让陪审团喜爱的证人。虽然很难预测，但此时此刻，我估计你有 75% 的胜率赢得 50 000 美元的判决。当然在小概率上，判决也可能高至 75 000 美元或低至 15 000 美元，甚至更少。被告想以 40 000 美元息事宁人。因此，问题的关键在于你是否愿意拿走这个确定数额，或是你想通过审判获得更多，但这也可能会让你得不偿失。"

在合同交易中，BATNA 体现了对所有可能替代方案的分析。例如，买家可从另一位卖家获得商品的价格，或是自己捏造这一事项的成本。通过评估这些替代方案的现实性，谈判者和客户可以决定对每方最优的谈判协议替代。这种分析将有助于谈判者就他方的接受意愿形成合乎实际的预期。它还有助于谈判者免于压力或被不利的和解协议欺骗。事实上，这还会令谈判者具有更大的能力影响谈判结果。 86

一些评论者还建议考虑"谈判协议最差替代"（WATNA）。它确定了不达成协议的风险，并能帮助客户知晓何时"一走了之"。在《获得更多：如何在真实世界中通过谈判达成目标》（*Getting More：How to Negotiate to Achieve Your Goals in the Read World*）一书中，戴尔蒙德（Diamond）教授建议，要从 BATNA 到 WATNA 一步步来：逐次考虑从最优到最差的全部范围及其实现可能性。正如他所暗示，秘诀正在于"**务实**"。

二、立足利益，解决问题的综合策略

（一）当事人的潜在利益与需求

在谈判早期，随着情势发展，反论证与新信息可能会在探索、调查、研究以及谈判阶段出现，而为客户设定最小意向以及采取坚定的金钱"立场"则可能导致产生不切实际预期的风险。僵化的最小意向以及立场还会抑制问题的创造性解决。 87

费什和尤里指出，知晓当事人的目标、欲求、需求、价值、利益和关注，有助于谈判者明白他为何而谈判。同时，这也有助于帮助谈判者基于客户目标的相对重要性做权衡。例如，在人身损害赔偿案件中，客户的需求和利益可能是让人买单医药费、可能是要一笔维持生活的费用、还可能是出于特殊需求"大捞一笔"，这类似于下文讨论的结构性和解中所反映的诸种可能性。强调最小意向和立场，不顾当事人的需求和利益，谈判者可能错失既满足当事人需求和利益又能使所有当事人利益最大化的和解机会。

在立足利益去解决问题的谈判方法中，关键在于**为何某人想要某物**。有一个关于姐妹与橙子的广为流传的故事说明了这一点。在这个故事中，姐妹俩都想要橙子。就此，她们对应当如何分配橙子予以协商。她们将橙子一分为二以满足各自已明确表示的愿望。姐妹中的一位将橙子榨汁后丢掉了果皮，另一位则磨碎果皮用于做蛋糕，并丢掉了包括果汁在内的剩余部分。两人都**想要**橙子。然而，各自**所需**（或其中利益）却仅仅是果汁或果皮。两者利益本可通过整个橙子得以满足，这样她们就能在不令对方损失的情况下实现利益最大化。

因此，当事人"明确表示的愿望"（主观愿望）以要求形式体现，通常会遮掩其需求、价值与利益。在这种情况下，价值反映了"客户更宏观的生活计划以及自我意识。"利益则可被视为"通达任何终极目的的一般手段。"通常，那些潜在的需求、价值和利益并非"铁板一块"，但也不必然冲突。需求和利益会以各种可能性——从体现荣誉的自由认可到维持生活水平的物理需求——运行。通常，识别当事人的需求、价值和利益，会开创从单一解决的立场到多元解决的可能领地，这会使得"蛋糕变大"。

进行谈判前，谈判者应当仔细识别客户所需。根据心理学研

88

究，由于人类倾向高估获得某物对其"幸福感"所产生的效用，因此他们常常误判何为其**真正**所需，或者什么将**真正**令其幸福。格恩里（Guthrie）和莎莉（Sally）在他们关于谈判**"影响偏差"**的潜在效果的论文中指出，律师可以为其客户增加价值。因为他们至少在一种情况下"比客户更了解"影响偏差会对谁起作用：当客户只会"一种打法"时，律师则因代理过众多类似客户——例如人身损害赔偿或离婚案件——而经验老到，"屡试不爽"。 89

当然，即便在那些情况下，律师也应当对以个人判断代替客户判断保持高度谨慎。然而，与此同时，他们不应对客户误读自身真正所需的"所有真实可能性视而不见"，尤其是当严重违反规范时，更是如此。

此外，谈判者应当仔细识别对方当事人、交易或争议相对方的可能目的，每方当事人可能具有的"杠杆支点"以及实现当事人各自目标的可接受的替代方案。有时，客户与其律师无法意识到客户目标可以通过多种方式实现。而一些同等可接受的替代方案所具有的价值，对他方当事人和交易方的价值则变动极大。

门克尔－梅多教授在其《通向法律谈判的另一番风景：问题解决的结构》（*Toward Another View of Legal Negotiation：The Structure of Problem Solving*）一文中，建议了如下有用框架以探究当事人的需求和目标。经授权，通过下文引用的问题，她阐述了每一个应当考量的关注点的范畴。

经济需求和目标（包括交易成本）。当下关于赔偿、投资回报率、流动支付的资金需求是多少？未来的资金需求可能是多少？钱需要来干什么？还有其他更廉价的可及方式吗？有什么是可用金钱 90 替代的可及并且可接受的东西的吗？当下的支付/收据会产生怎样的税收后果？之后呢？怎样的支付结构更好，一次性付款还是分期付款？为什么？交易成本有哪些？采用谈判而非诉讼的成本有哪些？

法律问题。有什么法律规定调整当事人现在的情形？必须承担责任吗？法律裁判是必须的吗？为什么？用正式文件证明协议是否值得或必需？采取诉讼可能会在未来导致怎样的法律后果？如果一方撕毁协议那么当事人可能会如何应对？如果有必要，那么什么资产对未来的法律诉讼而言是用得着的？

社会关系考量。当事人的社会需求是什么？其他人对争议或交易有何看法？家庭成员、朋友、商业伙伴、雇主或雇员会受到当事人的诉讼影响吗？如果现在没影响，但未来情势变化这些人会怎样看呢？

心理考量（包括情感和风险规避）。当事人的心理需求是什么？是为了证明清白、报复还是权力？为什么？长期来看，满足或不满足这些需求会产生怎样的心理后果？当事人如何规避风险？在谈判中，他们追求目的的动机是什么？如果当事人当下放弃诉讼或是坚持谋求优势，其中的一些情感会如何变化？

伦理道德考量。当事人想如何同对方形成公平？采取利他的或违心的行动，当下会产生什么后果？未来呢？"利用"他方弱点，之后会产生负罪感吗？

客户也可能没有考量或清晰表述其他一些可能产生未被察觉的潜在后果的需求和利益。门克尔－梅多教授指出，这些潜在需求和关注点常常可通过追查以及就某一特定事项、东西或结果询问为何可欲而获得确认。此外，法律谈判者应当考量这些需求和目标随着时间推移（短期和长期）如何变化。同样，如果适当，律师应有探究特定目标正当性和恰当性的意愿。

（二）立足利益、解决问题

某种立足利益解决问题的策略，体现了谈判理论家所谓的"非零和博弈"。这种博弈的一个经典例子是"囚徒困境"。两名嫌犯被警察逮捕，他们被想要将其定罪的检察官依次隔离审讯，嫌犯认罪会有轻刑的回报。囚徒知道如下信息：①如果他们中的一个认罪而另一个不认罪，认罪者则会受到宽大处理，不认罪者则会获得重刑；②如果两人都认罪，两者都将获得中刑而非重刑；③如果两者都不认罪，他们将获得轻刑。 92

在这种情况下，嫌疑人很可能会规避基于选择所产生的**可能的最差**结果（认罪＝中刑；不坦白＝重刑）。由此观之，嫌疑人都会倾向认罪以保证重刑得以规避。且如果两方都认罪，那么他们获得轻刑的可能性则被排除。因此，在缺乏相互信任和合作的情况下，他们所能获得的最好结果就是妥协接受中刑。如果他们可以合作，那么他们就可以通过拒绝认罪获得轻刑而获得对双方更好的结果。

这种涉及审视目标和呈现替代方案的方法被称作"综合性谈判"或"问题解决"。根据当事人的利益发掘、评估、安排这些不同的替代方案，这种方法试图发现有利于双方的"一揽子"解决方案。该方法重点强调诸种替代方案对各方的价值评估以及以最有利的方式将其整合。而协议则是通过高效的权衡和创造性的有利方式达成。

请考虑下面这个简单的例子。假设航空公司 A 和乘客 B，对 B 宣称航空公司 A 的员工对 B 无礼对待有争议。B 主张他因此受到精神损害。A 愿意向 B 书面道歉并提供免费旅程（限于正常的常客并有机型限制），但未做出金钱赔偿。如此一来，B 所诉得直（道歉）并获得了一大笔钱款的等价物（免费旅程）。另外，向 B 道歉，A 实际上既无成本又无需准备，因为 B 所占的位置本就卖不出去。此外，通过鼓励 B 继续乘坐，航空公司还有重新建立 B 对其好感的机会，并能让 B 在未来继续消费。 93

因此，正如费什和尤里所指出的，从当事人的分歧中创造价值的关键，在于将一方的最低损失与另一方的最高获益匹配，反之亦然。门克尔－梅多教授建议，以下领域可以挖掘潜在的共同利益：

（1）**什么**是可分配的。

（2）**何时**可分配。

（3）**由谁**来分配。

（4）**如何**分配。

（5）分配的**花费有多少**。

一些律师认为，综合性的议价或问题解决式谈判在人身损害赔偿案件中（其主要问题是被告应向原告支付多少钱，即分配问题）只具有有限效用。然而，即便仅仅事关金钱，其他综合性要素也可能牵涉其中。例如，何时付钱（钱的使用价值、通货膨胀因素、当事人的迫切需求）、税务影响以及支付是否可以部分或全部以货代款。此外，门克尔－梅多教授指出，强调金钱的潜在**运用**，将会盘活问题解决的过程。

让我们借用她的几个例子。假定在一起人身损害赔偿案中，原告要钱是为了买一辆车。在这种情况下，被告可以以低于市场价的价格为原告提供车，而无需支付通过和解本应支付的市场价。其他数不胜数的例子表明，谈判当事方无需对固定资源进行同等估价。类似地，被告可以雇佣原告并给他发工资以满足原告的康复需求，这样就比直接从公开市场中用钱购买康复服务省钱。

其他将"蛋糕做大"的机会可能会源于：①利用规模效益；②创造能被所有当事人共享的"普遍价值"；③降低交易成本或其他成本；④利用范围效益（即同样的基本资源可以产生不止一种物品或服务）；⑤保障外部资源；⑥利用不同的能力、偏好、风险容限、时间框架、预测、评估和优先权。

（三）以人为本策略

正如上一分部所讨论的，确定当事人的潜在需求和利益，是问 95
题解决（综合性）策略的基础。戴尔蒙德教授在《获得更多》
（*Getting More*）中提出，对需求和利益加以广义定义很重要：它们
应当包括"人类欲求的完整菜单——从合理的到疯狂的"。戴尔蒙
德认为，作为谈判者，你会想要进入对方的**情感世界**。事实上，如
戴尔蒙德所告知，在日常谈判中，人们因"实质"理由达成一致仅
占 8%。相比之下，"过程"（即决定探究双方的理性和情感需求、
就谈判议程达成一致、做出真正的承诺等）则占 37%。"人"的因
素则重要得多，即喜好、互信、愿意倾听等，占 55%。此外，由于
律师和客户之间存在代理关系，情况会变得更复杂。

戴尔蒙德认为，克服情感因素这一"高效谈判和谈判者的敌
人"，对谈判双方都适用。这一观点还与第三节所讨论的威廉姆斯
的研究一致，即高效谈判者是"自控的"，而低效谈判者则"情绪
化"。

情感主义有几个重要弊端。谈判者及其客户情绪化时会"停止
聆听"，且"不可预测"。通常，他们无法着眼于自身的目标和需
求。最后，他们还会自毁。当然，对抗型（竞争型）谈判者会试图
通过运用那些因素，在心理上针对对方当事人而使自身获益。但高 96
效的谈判者能抵御情绪操控。

当他方表现得情绪化、不理性，或是明显不按自身利益行事，
你该怎么办？戴尔蒙德教授陈述了处理这类人和情况的十个步骤。

第一，当对方看起来不按自身目标、利益或需求行事时，就应
着手识别并有所意识。确实，正如戴尔蒙德教授所敏锐观察到的那
样，不理性会驱动许多决策。当你发现自己会问"他们怎么了？难
道他们没发现这样对他们没有任何帮助吗？"的时候，这就是不理

性存在的一个警告。这一建议同样适用于你给自己的客户建议。

第二，试图理解对方的感知和情绪是什么。换言之，"对方看到的景象"是什么？他们看起来感觉如何？

第三，根据对方的需求和目标尽力确认导致其情绪的原因。切记，他们的需求和目标可能是无形的，例如价值或感觉，这包括欣赏、认可、归宿感、团体精神、体贴、控制、刺激、公平、友谊、荣誉、正义、宁静、隐私、专业化、重视、尊重、安全、自尊、信任、理解等。

第四，考虑自身的谈判模式是否在这之中有起作用。特别是对抗性策略会激发负面情绪。

97　　第五，考虑一下戴尔蒙德说的"情感支付"（emotional payments）。其代表所支付的任何情感红利。例如，道歉、主动倾听、同理心、咨询、允许情绪发泄、减轻恐惧、让步、明示对方的价值和贡献、帮助他人保全面子、采取措施帮助对方应对损失等。情感支付类似于在第二章中威廉姆斯教授所提出的"无偿妥协"，其为"混合模式"的一部分。同时，它也与费什和尤里在《达成一致》（*Getting to Yes*）中建议的"待人以宽、处事以严"高度契合。

第六，致力于建立信任。戴尔蒙德教授正确地主张，建立信任的主要因素是诚实。同时，信任与信誉——对方是否会相信你所言或主张——有紧密联系。戴尔蒙德教授建议要以增量方式建立信任。

第七，避免泛泛而谈或极端陈述，因为这易于激发更多情绪。

第八，谋求支持者或第三方帮助。

第九，特别是在面对强硬的谈判者时，要查明他们自身的标准、政策、先例、先前陈述、先前前提、政策例外、决策方法，并运用到当下情境，指出他们的自相矛盾（即指出他们这种糟糕行为），以发挥这一基础的心理学教义："人类讨厌自相矛盾。"该方法与"一致性陷阱"不同，后者是谈判者努力让对手承认某种表面上看起来无害的标准。一旦他们承认，他们就面临着另外的逻辑蕴涵，并要将那一标准适用于他们的情境，而不是戴尔蒙德所强调运用他们**自身既有的**标准和政策等。

当当事人之间保有某种关系时，也可以运用同样的方法，但戴尔蒙德指出，采用这种方法是为了维持关系而非让当事人撕破脸，你需要让人看起来是在帮助对方"以不同的方式看待问题。"

第十，纠正错误事实。

最后，戴尔蒙德的策略强调谈判者应当着眼于本方自身的目的，即客户试图实现的东西。对他而言，目的是"谈判的终极要义"。无论你做什么，都应以更加趋近客户的目标为导向。如此一来，它才是一种实用的、引导的、以人为本的方法。确实，对成功的谈判而言，令人感知你想要他们感知的东西可能是任何有说服力策略的重要部分。

至于过程，戴尔蒙德建议采取渐进式行动。以对方会同意的问题（建立于对方当事人脑海中的"图像"或"标准"）为起始。他认为，这可能需要某个非常基础性的问题。例如，"你的客户是否愿意达成协议？"或是"你的客户是否想要获利？"这些问题的答案以及其他问题构成了谈判的"锚定点"。

在谈判过程中，画面组织与情感支付是重要因素。例如，戴尔蒙德叙述到，处于上流社会的丈夫在离婚时愿意给妻子他所剩余的400 000 美元资产，因为离婚对丈夫的生意而言是一种持续的消耗。然而，妻子却坚持诉至法院"谴责"丈夫，而拒绝接受丈夫的提议。即便在诉讼中散尽家财，她也要令丈夫难堪。

很明显，妻子很情绪化，而且不按自身利益行事。然而，当她被问及"你知道吗？如果你接受这个和解，那么你将拿掉他所有钱"时，情况发生了改变。当想想这一画面，她问道："你的意思是说，如果我接受这一提议，将会拿掉他所有的钱？"当再次确认后，她说："我接受。"戴尔蒙德解释，妻子脑中的画面是这样的，她要她的丈夫感觉痛苦。而以这样的方式组织提议，对她而言是一种情感支付。

第五节　模式策略组合

上一部分对"模式"与"策略"的区分，是由巴斯特莱斯和哈勃在《会见、咨询与谈判：高效代理的技巧》一书中所发展的。运用门克尔－梅多教授的图形格式和基本概念，他们发展出如下关于策略和模式的可能组合。他们构想出如下组合：①对抗竞争型谈判者；②对抗合作型谈判者；③竞争型的问题解决者；④合作型的问题解决者。如下表格体现了这些组合：

	对抗策略	问题解决策略
竞争模式	坚定的立场、强硬地谈判	对需求和解决方案有限考量
合作模式	让步与妥协	对需求和解决方案开放考量

正如上一部分所描述的，一方面，对抗竞争型谈判者和对抗合作型谈判者，以"线性"方式看待谈判过程。另一方面，竞争型的问题解决者和合作型的问题解决者则着眼于当事人的利益和创造解决问题的资源，而非将"问题刻画为可替代商品的连续统"。

然而，巴斯特莱斯和哈勃指出，与合作型问题解决者相比较，竞争型的问题解决者在明确表述当事人需求上倾向于保守，并可能试图通过提出虚假需求和贬损他方的正当需求而操控利益描述。此

外，不同于合作型问题解决者真心想要令当事人实现共同利益最大 101
化，竞争型问题解决者因无意给予其客户"积极优势"，而可能没
有意愿讨论所有潜在的解决方案。尽管**看起来**很关心对手的利益，
但是竞争型谈判者对于对方当事人的得失鲜有考虑。正如巴斯特莱
斯和哈勃所得出的结论，从竞争型问题解决者的角度看，"对手成
败，顺其自然"。

　　如果这种"**关于情境**"（即是问题解决还是竞争）的骗局被揭
露，很可能会比在某种特定"情境**内**"的欺骗产生更强的负面反
应。正如斯蒂芬·哈特威尔（Steven Hartwell）敏锐的观察："只要
每位谈判者能准确识别他方的谈判策略（即竞争、合作或协同），
恰当地预见何种谈判情境蕴涵了何种真诚与欺骗，就不会使谈判因
欺骗而脱离正轨。"然而，就情境进行欺骗，会"造成更大的潜在
伤害"。因为，这会导致所有信息被误解。这样做，会让人有一种
"披着羊皮的狼"的感觉，并很可能被视为"可耻的欺骗"或"背
叛"。

　　在上文讨论的由施耐德教授于 2002 年出版的研究中（该研究
是对威廉姆斯教授早期研究的进阶），她同样认定了关于模式和策
略的四种整合。通过对其数据进行四聚类分析，施耐德教授认定如
下自然分组：①"真正的问题解决谈判者"占 38%；②"谨慎的 102
问题解决者"占 27%；③"讲道德的对抗型谈判者"占 21.5%；
④"不讲道德的对抗型谈判者"占 12.5%。

　　描述这四个可识别集群的首要形容词可清晰确定它们的各自模
式。真正的问题解决者被视为**讲道德的、经验老到的、有风度的、
值得信赖的、理性的、公平的、和蔼可亲的、好交流的、务实的、
圆融的、敏锐的、自信的、友善的、自控的、随机应变的、有尊严
的、乐于助人的、机敏的、沉着的、灵活的。**

与真正的问题解决者类似，谨慎的问题解决者则被视为**讲道德的、经验老到的、有风度的、自控的、理性的、和蔼可亲的以及有尊严的**，但是他们却缺乏上面列举的真正问题解决者所具有的其他显著特征。尽管在侧重点上有差异，但这两种问题解决者都有类似目标：讲究道德操守、注重公平和解、尽力争取和解、满足双方利益、避免诉讼、满足客户需求、与对方谈判者维持良好关系、善用法律技能、维持当事双方的良好关系、与对方谈判者一起提高声誉（对真正的问题解决者而言）或是提高事务所的声誉（对谨慎的问题解决者而言）、获得可观报酬。

至于讲道德的对抗型组别与不讲道德的对抗型组别，虽然关于它们的很多描述是重叠的，但排序却不相同。描述讲道德的对抗型组别的五个首要形容词是：**自信的**（其在不讲道德组别中排第十八位）、**独断的**（其在不讲道德组别中排第九位）、**自大的**（其在不讲道德组别中排第六位）、**刚愎的**（其在不讲道德组别中排第三位）、**老到的**（未出现在不讲道德组别中）。此外，与不讲道德组别不同，"讲道德组别未被描述为好指使人的、纵容的、虚伪的、逃避的、抱怨的、粗鲁的、易怒的、偏狭的、刻薄的、贪婪的、苛刻的"。

总之，与讲道德的对抗型组别谈判者不同，在不讲道德的对抗型组别中，谈判者令人讨厌的（即无礼、不友善且笨拙的）且**不值得信赖**（即不真诚、狡黠、不诚实、不信任的）；他们对**客户或对方律师的利益漠不关心**（即不理解对方客户、不关心对方律师如何看待问题、不考虑对方律师的需求、不在乎是否施加了不必要的伤害）；他们对案件的看法以及**策略顽固不化**（对案件持有狭隘观点、死板、不会变通、策略狭隘、仅着眼于单一解决方案、僵化理解谈判）且**颐指气使**（好斗、不接受讨价还价、对案件评估不准确、提

出毫无根据的要求）。最后，他们**不乐于合作、不讲理**，他们将谈判视为"**你输我赢**"而**妨碍**谈判。相比之下，讲道德对抗型组别则对案件持有更广阔的视域并更讨人喜欢。

　　重要的是，施耐德教授发现，在这些组别中，真正的问题解决者占有最大比例的高效谈判者（72%）和最小比例的低效谈判者（1%），而普通谈判者的比例则占27%。24%的谨慎的问题解决者被认为是高效的，与此同时，64%则为普通的，还有12%被认为是低效的。相比之下，在不讲道德的对抗型组别中，75%被认为是低效的，与此同时，22%是普通的，高效的仅占2.5%。至于讲道德的对抗型谈判者，40%被认为是低效的，44%被视为普通的，仅有16%被视为高效。正如施耐德教授敏锐地给出结论，"当律师可以精进其解决问题的技能以平衡独断和怜悯时，他们就能更高效地代表客户"并且"有能力通过创造力和变通将蛋糕做大"。

　　其他的一些主要的评论者以不同的方式、使用不同术语去给基本策略分类，有时还混杂模式因素：

- 在《达成一致》中，费什和尤里谈到了：①强硬的；②温和的；③讲原则的三种策略。
- 拉克丝（Lax）和塞巴尼斯（Sebenius）则将谈判策略分为：①价值索取型；②价值创造型。
- 在《超越输赢》中，穆诺金、帕皮特、图鲁梅洛概括了四种行为类型：①圆融型；②回避型；③竞争型；④问题解决型。
- 在《谈出优势：讲理之人的谈判策略》（*Bargaining for Advantage*：*Negotiation Strategies for Reasonable People*）中，G. 理查德·谢尔（G. Richard Shell）用了类似描述：①圆融型；②妥协型；③回避型；④合作型；⑤竞争型。在这些分

类中，圆融型与"绥靖"和"漠不关心"有关；妥协型与"分享"有关；而竞争型则与"支配"有关。

- 在《像专家那样谈判：高效谈判的重要指引》（*Negotiating Like the Pros*：*The Essential Guide to Effective Negotiating*）中，约翰·帕特里特·多伦（John Patrick Dolan）将谈判者分为四种基本类型：①不顺从者；②空谈者；③分析者；④决策者。

- 在《社会冲突：升级、僵局与和解》（*Social Conflict*：*Escalation*，*Stalemate*，*and Settlement*）中，普鲁伊特（Pruitt）和鲁宾（Rubin）描述了以下策略：①争夺；②问题解决；③妥协；④消极；⑤回避。他们还描述了一种"二元关注模型"，该模型是谈判者将会采纳何种策略的预报器。二元关注体现了：①对本方结果的关注；②根据双方需求和利益对他方结果的关注。根据这一模型，这些关注点的平衡与强度将影响策略。例如，对共同结果的高度关注将促进问题解决。另外，对本方结果的高度关注将引起争夺；而对他方结果的高度关注会激发妥协。而对双方结果的低度关注或漠不关心则会激发消极。

然而，无论上面描述的模式和策略如何组合，其最佳结合应当总能反映相关法律谈判——民事纠纷、合同交易、劳务管理谈判、刑事案件、离婚与家庭关系、国际法律谈判——的基本类型。正如本书第一章第四节所讨论的，法律谈判的这些类型反映了与不同习惯、实践和特征相关的特定谈判种类。

就此而论，优秀的法律谈判者要谨慎考虑两个重要因素：①当事人在何种程度上感知他们之间持续关系的存在；②谈判在何种程度上涉及自愿交换而非民事纠纷，对于后者，如果当事人无法在法院之外达成满意的共同协议，那么他在法院拥有可执行的法律权利和救济。

第六节　法律谈判阶段

很多评论者已经注意到，法律案件的谈判是一种反复的过程。其中，会涉及可识别且可合理预见的形态。例如，在《谈判的实践指引》（*A Practical Guide to Negotiation*）中，托马斯·F. 格恩西（Thomas F. Guernsey）一般性地将谈判过程分解为十个不同阶段：①准备与计划；②破冰；③议程控制；④基于信息谈判；⑤提议、要约、要求；⑥说服与证成；⑦让步与重述；⑧决议或僵局导致的危机；⑨收尾；⑩请愿。

然而，如同对模式与策略的描述那样，个人评论者并未使用通用术语描述这些过程。一些评论者强调谈判阶段的功能面相，而另一些则强调行动形态。

下面的总结讨论把法律谈判过程的动态方面分为四个不同阶段。这一描述，遵循了杰拉尔德·威廉姆斯《法律谈判与和解》（*Legal Negotiation and Settlement*）一书中所描述的形态。

阶　　段	行　　动
第一阶段：定位 & 立场	1. 建立工作关系 2. 拟定要采取的谈判立场
第二阶段：论证	1. 论证与说服 2. 寻找替代方案 3. 做出让步

107

阶　　段	行　　动
第三阶段：突现 & 危机	1. 形成协议或僵局的压力 2. 危机发生
第四阶段：协议或谈判破裂	1. 形成僵局或达成基础协议 2. 细节润色 3. 签署协议

108　　上表与下面的讨论，体现了传统意义上对谈判过程的对抗型观念。伴以这一讨论，将成为对问题解决策略以及谈判过程功能面相的评论。这一结构主要体现了诉讼语境。然而，类似的功能考量也会发生在交易语境中。在这之中，律师会为谈判做准备、交换评估信息、寻求解决、利用说服以及致力于终结谈判或解决僵局。

　　然而，无论它们被如何描述，显见，律师有时未能认识到这些谈判形态。他们的注意力和精力往往放在审前程序与庭审准备的细节之上。没有经验的律师往往会误读案件所处于的阶段从而"画蛇添足"，或是甚至对谈判运作造成损害。例如，相比起强劲的对手，某些律师具有在心理上一笔带过谈判阶段的倾向。于是，当没有唾手可得的协议时，他们会假定最终阶段已经到来并迅速促成谈判破裂。

　　一、第一阶段：定位与立场

　　第一阶段会涉及两个相关的动态机制：定位与立场。在这一初
109　始阶段，双方律师会彼此打交道，并建立他们的初始立场。在这一阶段，他们还会承担一些基本的诉讼任务，包括提出诉讼、调查案件事实与法律要素、基于表面上的优劣去评估案件的"价值"。这一过程中，竞争型的律师可能会试图建立延续到后续阶段的支配地

位。就这个阶段案件的讨论程度而言，律师倾向于以非常笼统的方式主要谈论他方的强项或优势。

（一）定位

一旦律师办理案件，他们必须有所互动。律师会有信件和诉讼文书上的交流，他们会彼此通电话讨论计划和开示证据。在这些互动中，每位律师自然会形成对待他方的基本方法和模式。第一印象通常会影响整个关系的基调。律师的既有声誉、先前的谈判技能，以及相互间的其他来往，也会影响定位过程。

这种关系的产生，对于决定谈判者之间将如何对待彼此以及采用何种战略战术是一个重要因素。每位律师的准备工作及其法律技能的一般水平是可判断的。在这一阶段，一些律师通过利用胁迫战术和强硬手段（这暗示了在之后的谈判阶段其还会被运用）试图建立支配地位。一些律师则通过：①传达执业经验和教育背景信息；　110
②诸如"拽人名"等微妙技术确立地位。同样地，交往形态、信任因素以及律师间关系的其他方面也因此发展。

诺伯特・杰克尔（Norbert Jacker）教授建议，在处理事务时，谈判者准备工作的其中一个部分，是应当尽可能查明所有与谈判有关的谈判者。这些背景信息可能包括他们在哪里上学、他们有多忙、他们的经验，以及利于洞察他们可能采用策略和模式的其他信息。同时，这类信息也可以在非正式交谈中获得。

（二）立场

第一阶段的另外一个基本方面是很多律师会以某种初始立场作为开场。在此阶段，运用对抗型方法的谈判者会谋求制造一种假象，即他绝对不会更改初始立场。威廉姆斯教授指出，这一战术有几个用处。其一，它可令要求更为可信。特别是当要求相对高时，这可以对他方的期望或预期施加影响；其二，它给予每位谈判　111

者对案件做出进一步评估以及获得关于对方接受意愿的时间；其三，当谈判者准备进入正题时，他们能更好地了解情况，并能够比在极端要求确立时更好地谈判。

在展开各自立场时，谈判者会面临不确定性：事实并未完全了解、法律问题也未全面研究、不可预见的进展可能近在眼前。面对这些不确定性，谈判者通常会给自己预留一定的自由度。其中的基本方法可以分为如下种类："极大主义"（或"极端的"）要求、"公平合理的"（"适中的"）要求、"综合性"（"问题解决型"）建议。

一些律师采取极大主义立场，即其要求的比他期望获得的要多（有时则多得多）。威廉姆斯教授认为，极大主义立场有四个主要优点：其一，它避免了对案件做出过低评价的风险。其二，它有效遮蔽了谈判者的真实或最低预期，并因而为谈判者探究对手真实立场提供了掩护。其三，它为谈判创造了本钱，创造出了可让步的东西。当对手同样以相应的高（低）要求作为开场时，这一本钱尤其重要。其四，当伴以某种有效策略，它还可能提高获得更好结果的可能性。研究表明，当谈判者对案值拿不准时，他们倾向利用对手的"开标"（opening bid）去设定自身目标。因此，在对付有些对手时，极大主义立场可能会影响对方预期。同时，它还会提升和解价值，因为它提高了中点，并在"自然"心理倾向下使得谈判者会在初始立场的中点附近平分秋色。

另外，威廉姆斯教授指出，这一立场拥有两个主要劣势：其一，它会增加谈判破裂进而诉讼的风险。比起接受不合理要求，有能力的对手将更乐意去诉讼。同时，对于如此"刚愎自用"以至于不值得与其谈判的极大主义者，还有相应的附随战术等着他。其二，如果要求"过高"，则有可能导致其失去作用。因为这种要求

112

可能会被解释为不讲理的证据而损害极大主义者的信誉。对清楚了解案值的对手而言，损害尤甚。他们会利用对手的开价去评估其目标的合理性。

　　在一些个例中，某些因素会影响要求之高低而不失效力。其中一个因素是行动的本质。例如，在本质上，比起人身损害赔偿，违约的损害赔偿夸大空间就小。另外一个因素是本土习惯和专业实践。律师这一专业群体发展出了一些规范和习惯，这为评估某个要求是合理还是极端提供了标准。因此，某些要求会因不恰当以及在它做出的语境下缺乏和谐而在表面上就不可信。　　113

　　威廉姆斯教授认为，公平合理的立场是对双方或所有当事方都公平的安排。其好处在于，比起极大主义路径，它所产生的谈判破裂或僵局的风险要低。同时，因为它避免了极端谈判立场所引发的延迟成本，所以它还被视为最为经济有效的冲突解决方法。

　　持有这种立场的人会推断，让步是出于信任。如果信任不能以公平的方式得到回报或反馈，那么在对手同等回应前，进一步的让步应当保留。此外，根据这种观点，在双方达成合理的初始立场前，他们会认为对案件进行严肃谈判的时机尚不成熟。在这一语境下，极大主义者的目标将会是说服公平合理立场者极大主义立场是合理的。

　　一般而言，公平合理立场者在谈判初始，不会对最终的公平解决方案"盖棺定论"。相反，他们的初始立场会展示出他们对达成一致极为上心。他们致力于找寻双方合理初始立场之中点。当然，鉴于完美陪审团、事实描述以及案件不确定性这一特定场景，如果　　114
他们确信极大主义结果是可能的这一可能性，他们则面临趋向高位中点的风险。

　　正如前一部分所述，综合性立场以及在此之后的综合性的问题

解决型谈判，会基于当事人的需求和关注而涉及提出替代解决方案。这一方法旨在寻求双方共赢的"一揽子"解决方案。综合性立场与问题解决型谈判，会牵涉评估替代方案对每位当事人的价值，其努力扩大可用于当事人互换的总体资源，以及通过有利方式整合它们。当法律纠纷的当事人相互依靠以避免产生对双方而言的毁灭性结果时，这一方法被普遍认为特别有用。同时，在涉及众多变量与多方争议时，该方法也常被视为交换交易。

（三）第一阶段的持续期间

当涉及诉讼时，就律师所运用的目前的模式来看，第一阶段通常持续很长一段时间——比所有其他阶段加起来还要长，这一般是数月或数年。对此，至少有一个原因，那就是在很多可诉的法律纠纷中，除非律师认为审判将至——没有两年或更长时间律师通常不会这样认为，否则他们不会开始严肃考虑和解。

115　　威廉姆斯教授收集的展现亚利桑那州凤凰城诉讼与和解形态的经验数据表明，时限压力在各个部门法中具有不同感知。例如，在人身损害赔偿案件中，42.5%的案件在审判前两天至十天就和解了，只有2.5%的这类案件拖至审判当天和解。在刑事诉讼中，这种形态甚至更加极端。超过32%的刑事案件直至审判当天才解决。还有35.5%刑事案件在审判前两天至十天才和解，而剩下的案件，则在前十一天至十九天才和解。

相比之下，商业纠纷和不动产纠纷，仅仅威胁提起诉讼就可被视为是"下狠手"：35%的不动产纠纷和29%的商业纠纷根本没有被提起诉讼。此外，就那些被提起诉讼的这类案件而言，时限压力也要在审判前两个月甚至以上才会增加。例如，在商业案件中，4.5%的案件在审判当日和解，仅12.5%的案件在审判前两天至十天和解，而大量案件则在审判前十一天至六十天就和解了。

　　鉴于对时限压力的不同感知，威廉姆斯教授建议，律师应当相应调整自身预期与敏感性。例如，处理人身损害赔偿案的律师，当他们觉得有强烈需求要在审判之前两个月达成和解时，如果对审期迫近反应过激，那就很有可能给他们的客户及其自身"帮倒忙"。

二、第二阶段：论证、妥协与寻找替代方案 116

　　第二阶段始于严肃的谈判讨论。在这一阶段，通常会有大量信息交流。采取对抗方法的谈判者会试图以最有利于战略的方式呈现这些信息。在论证过程中，法律问题和事实问题会更为清晰明确，诸方的是非曲直亦是如此。谈判者还会调整他们对谈判协议最佳替代、最小意向以及目标点的评估。

　　同时，采取对抗方法的谈判者将不再掩盖其最小预期与效用方面的信息，以试图收集对方真实的或是被隐藏预期的相关信息。这种论证过程的一个重要方面是，每方的初始预期可能会基于信息展示而发生重大变化。确实，变动量和变动的方向，在很大程度上取决于各方谈判者的辩护与谈判技巧。在进行这项工作时，谈判者通常会利用社会既定规范，而这些规范则以公平交易或程序的隐性观念为基础。

　　第一次妥协通常会在第二阶段中做出。妥协是一种重要策略，因为它们是可能达致协议的主要手段。同时，作为策略工具，它们也颇具重要性。在对抗语境下，谈判者面临的一个问题是，预测和 117 评估妥协的效果。例如，妥协可能是相互的，一方妥协相应会得到他方类似量级的妥协。另外，一方做出妥协却可能得不到回应。事实上，对某些对手而言，如果进一步妥协仍然无法激起互惠行为，那么那些额外妥协将导致他们运用渐进式的更具侵略性的苛刻战术，并相应提高预期。

　　采用问题解决方法的谈判者，将试图提供客户潜在关注和需求的信息。费什和尤里认为，运用这种方法的谈判者应当在建立客户利益正当性上多花时间。如果对方谈判者试图将谈判过程塑造成传统意义上的"讨价还价"，即要约、反要约、妥协、威胁、警告，那么运用这种方法的谈判者就应当研究对方谈判者的立场，并通过发问去获悉对方当事人潜在利益和需求的信息。

费什和尤里竭力主张，采用问题解决方法的谈判者要积极倾听和坦率承认对方的需求、利益和关注。将重点放在识别利益、需求以及解决问题之上。谈判者及其客户会形成一些可能方案，而当双方谈判者采取合作型的问题解决方法时，对话才更有可能呈现出所谓的"头脑风暴"或合作氛围。

唐纳德·吉福德（Donald Gifford）教授在《法律咨询与谈判模式之综合：在谈判语境下维持以客户为中心的辩护》（*The Synthesis of Legal Counseling and Negotiation Models：Preserving Client-Centered Advocacy in the Negotiation Context*）一文中指出，大多数法律谈判会有较大的时间跨度而非一谈了事。这些遭遇，可能发生在未经计划的非正式讨论中，可能发生在电话、电子邮件和书信交流中，还可能发生在面对面的谈判会议中。在这一时间跨度中，会有律师间的互动，还会穿插着律师与其客户的会晤。因此，这是一种"持续的**循环**过程"。在这一语境下，与客户保持良好沟通极为重要。律师应携手客户，对事实问题和法律问题的发展、客户可能发生的利益变化、从对方当事人的关注和利益中获得的新信息进行持续评估。特别是，客户对谈判协议最佳替代以及优先考虑可能会有所改变。

三、第三阶段：突现与危机

随着第二阶段的深入，谈判者开始感到时限压力。在某一时刻，采取对抗方法的各方会意识到他们中的一方或双方必须做出重大妥协，或是提出新的替代方案，要不就是承认僵局而走向诉讼。

这种意识会使第三阶段启动。在这一阶段，各方会对可能做出妥协 　119
的地方提供线索并加以探索。提出新的替代方案，然后做出妥协。
当没有任何一方想要给予更多时，危机最终产生。双方都怕被对手
"占便宜"，且有可能放弃他们本想要的。双方知道他们必须在某处
停下来，因为"大限将至"。此时此刻，在传统的对抗型谈判中，
一方当事人会做出"最终"要约。有时，这种要约被称之为"自
伤要约"（hurting offer）———一种在律师看来对方将极难拒绝的
要约。

　　这种最终要求给对方谈判者提供了经典的三重选择：①接受；
②拒绝；③提出其他想法。如果他方的最终要约被断然拒绝，则僵
局产生谈判破裂。威廉姆斯教授指出，第三种替代方案和提出新想
法，并不必然是一种重大妥协。它可能是一种涉及新替代方案或是
对原有方案加以整合的综合性的问题解决建议，其可在不减损当事
人整体收益的情况下增加和解对他们的效益。

　　一旦最终要求出现，客户就会担心是否应当接受律师的和解或
诉讼建议。律师应当帮助客户理解案件在法律体系中的运作流程、
审判作为公平标准以及在法庭上为错误做无罪辩护的重要性，以及 　120
接受确定之事而非不确定之事所涉及的权衡。

　　在突现与危机阶段，运用综合性或问题解决方法的谈判者会致
力于终结谈判。他们会就妥协做出交易，并发现能够"弥合"当事
人需求以及满足其潜在利益的方案。

　　四、第四阶段：达成协议或谈判破裂
　　第四阶段涉及两种不同路径：①当事人要么达成一致、继续修
订、"润色"细节并最终签署协议；②要么形成僵局，谈判破裂，
而案子则去到法院或是交易夭折。

五、诉讼过程与谈判阶段之间的互动

威廉姆斯教授敏锐地指出，谈判过程与另外一种强力的动态竞争过程——诉讼——同时运作。在之前的讨论中，达成和解的压力会应审期而生。然而，在现实中，审期到来只是在案件被起诉前就开始的一系列复杂准备工作的高潮。案件是通过复杂程序逐步进行的，其中包括选择法庭、提出诉讼请求、证据开示、准备证人与（书面以及示意）证据、审前会议与提出申请等相关工作。

法律程序的这些方面是由律师推进的（或潜在推进的）。在心理上，案件的推进与谈判的四个阶段并行。像提出诉讼请求等程序，就与谈判过程的基本要素——例如对极端初始立场的陈述——不谋而合。其他程序步骤的使用和时机，则是对律师自由裁量予以开放的事项，其可能被用于帮助或掩盖谈判过程中每一相继阶段的心理状态以及动态方面。

威廉姆斯教授指出，高效的谈判者会对审前程序与谈判过程的诸阶段有全面把握。采取对抗方法的律师，会就从法律领域到实现进一步目标的行动步骤加以计算。如果可能的话，会算至比审判结果更有利的解决办法。例如，在两位卓越商人间所发生的合同纠纷中，参与谈判达成合适协议而非提起诉讼，通常是可行且可欲的。像调解和仲裁等替代性纠纷解决方式也可考虑。

另外，如果一方或双方当事人严正拒绝谈判，且其他努力和替代方案也不成功，那么就需要选定法院从而提起诉讼。在商业语境下，该步骤是很严重的，这很可能足以导致避免审判而解决案件的认真尝试。否则，进一步的审前程序通常会以达致有利和解以及万一发生诉讼最具策略价值的方式按部就班地进行。

总之，谈判与形式法律程序之间存在某种根本性的紧张关系。通常，谈判没有这么"剑拔弩张"，而诉讼则牵涉形式法律体系所带来的"成王败寇"。在商业语境下，对纠纷解决采取谨慎的安抚性处理常常被那些习惯运用法律程序的律师所忽视，在他们看来，法律程序是对对手施加直接明显压力的一种手段。他们认为这种级别的紧张关系是正常、可欲的。当然，这种态度在某些案件中可能是恰当的，但它却极有可能排除了以更好方式满足各方当事人利益和需求的创造性共赢解决方案。

第 **3** 章 计划、准备、与客户共事

第一节 引 论

正如前文所讨论，充分的准备是高效法律谈判者的一个基本特征。在很大程度上，准备涉及与客户共事。本章会着眼于法律谈判者如何计划和准备，其中包括：理解拟议事项与交易、确定准据法、评估当事人的需求和利益、评估优势和劣势、调查客观标准、决定替代方案和选择权、形成务实预期、设定目标以及获得授权。本章还会着重强调案件评估，以及在谈判前起草拟定的协议过程所涉及的关键技能。

第二节 理解拟议事项与交易

如果你在交易情境下代理某位客户，那么你准备工作的一个重要部分是理解拟议交易。对此，宾德尔（Binder）、博格曼（Bergman）、特朗布莱（Tremblay）和温斯坦（Weinstein）在《律师顾问：一种以客户为中心的方法》（*Lawyer as Counselors：A Client-Centered Approach*）一书中建议了一些步骤。

一、获取详细信息

宾德尔、博格曼、特朗布莱和温斯坦建议，与客户探究讨论的第一层次应当着眼于获取如下种类的详细信息：

（1）拟议交易的条款与历史。

（2）敲定交易时间表。

（3）客户目标。

（4）他方当事人。

（5）客户的商业运作。

（6）交易或商业安排如何运行。

（7）交易的经济效益。

二、"具体交易"事项

宾德尔、博格曼、特朗布莱和温斯坦建议，探究讨论的第二层次是"具体交易"事项。其主要是与重要义务（操作条款）和风险（附带条款或救济条款）有关的条款。这种探究讨论应当努力确定当事人的目标和利益，并弄清有多少不同的替代方法可以实现那些目标或满足那些利益。

因此，谈判者应当从客户那里尽其所能地了解交易发生的商业背景（"产业知识"）。用于买卖或交换的商品或服务是什么？与交易相关的商业实践或习惯是什么？有哪些相关的时间问题值得关注？当事人之间是什么关系？这类协议的行业标准条款是什么？实施交易的"关键人物"是谁？影响交易的经济和社会利益是什么？该交易条款对其他交易是否存在潜在影响？

谈判者应当谨慎判定当事人在初步讨论（如果有）时发生了什么，以及什么留至谈判商讨。同样地，审查当事人是否有做过任何公开言论也是有用的。结果可能是，当事人在之前的讨论中已经确

125

定了（或看起来已经确定）交易中的许多因素（没有法律建议的好处）。谈判者还应当审查由当事人准备的与交易讨论相关的所有文件。结果可能是，某一具有法律约束力和执行力的协议已经达成了。那这些要点还需要重新谈判吗？

宾德尔、博格曼、特朗布莱和温斯坦提醒到，准确知晓当事人的协议条款很重要。因为一旦对协议草案有不同理解，这会令对方认为草案单方面变动了原有协议进而导致疏离。

三、确定准据法

在准备交易谈判时，谈判者应考虑潜在的准据法，其包括：州或者联邦的制定法、条例、司法裁决、条约［例如《美国统一商法典》（*Uniform Commercial Code*）、并购申报制度等］。如果潜在的准据法变化显著，那么谈判者应当考虑就"法律选择条款"——它使得某一法域的法律适用于交易——进行谈判，例如，"本协议受（某法域）的法律规制并依据其进行解释"。

要意识到，包括美国在内的八十多个国家已经核准了《联合国国际货物销售合同公约》（*U. N. Convention on Contracts for the International Sale of Goods*，"CISG"）。该公约条款为来自不同缔约国的当事人在合同方面提供了"默认"准据法。除非当事人**明确**：①表示"CISG"不适用；②**指定**应当适用的法律才可将其"排除"。

如果未来很可能（或者即便只是可能）会有交易纠纷，那么谈判者还应当就"法院选择条款"或"纠纷解决条款"进行谈判。其中，法院选择条款规定了诉讼地，例如，"当事人约定，仅有法院（某一特定法院）对本合同以及由此产生的纠纷享有管辖权"。

"纠纷解决条款"则提供了解决未来纠纷的方法。例如，当交易当事人会有持续关系时，谈判者可能会希望就调解条款进行谈判，因为调解倾向以不损害当事双方"相互尊重"的方式解决争议。

综合性的纠纷解决条款也是可能的。例如，某一"混合"条款可能要求当事人首先"会面磋商"以解决纠纷；如果不可行，那么他们应当参与调解；如果还不可行，那么他们则应当将纠纷提至仲裁。

第三节　评估当事人的需求和利益

在理解拟议事务或交易后，谈判准备工作的下一个重要方面是对所有当事人的需求和利益及其相互影响给予特别关注。当当事人卷入纠纷时，这一过程同样有用。利用由费什和尤里通过饼状图所发展的基本思想以及其他规划建议，巴斯特莱斯和哈勃在《会见、咨询与谈判》一书中发展出了如下四个步骤：清查、分类、比较、满足当事人需求。

一、需求利益清查与当事人目标

128

清查作为第一步，关于它的大量评论和分析已在第二章第四节中给出。巴斯特莱斯和哈勃推荐律师与客户各自独立准备关于需求、利益和目标的清单。然后再合作共事形成唯一清单，其中要有能够捕捉到那些需求、利益、目标之本质的描述性短语。

二、对当事人需求和利益的分类

对当事人的需求和利益加以分类是第二步。对此，巴斯特莱斯和哈勃建议运用这三个范畴：①绝对必要的（真正的"破局者"）；②重要的（优先考量，"但如果它们无法按照明确的追求形式被满足，也很可能不会导致僵局"）；③"可欲的"。他们警告人们，不要有将每一种需求和利益都置入"绝对必要"范畴的倾向。为了着手对当事人的需求和利益加以分类，他们还建议，从律师自身的客户开始是最简易的。

在确定当事人需求与目标的谈判准备过程中，法律谈判者应当着眼于**各方**对每种不同利益赋予怎样的权重或价值。律师应当特别注意，不要用自己对解决方案或谈判立场的计算去取代当事人的计算。特别是对非法律问题的评估，这属于客户的"领地"。宾德尔、博格曼、特朗布莱和温斯坦指出，非法律问题通常会比法律问题更重要。即便可欲的解决方案通常也蕴涵着消极的非法律后果。

此外，通过对某一选择所产生的积极非法律后果的抉择，客户可能必须放弃其他替代选择所产生的积极非法律后果。因此，客户可能必须基于多种因素对目标进行权衡，或是在不同的解决方案之间——这要求客户用一组消极后果去换取另一组——进行选择。**允许客户做出这些决定并对其利益和关注设置优先级，将为其提供更好的客户满意度。**同时在法律谈判中，它还为如何进行法律谈判能够最契合客户利益以及实现客户目标提供了更好指引。

三、当事人需求和利益的比较

第三步涉及比较当事人的需求和利益。对此，巴斯特莱斯和哈勃建议利用这三个范畴：①共享的需求和利益（共同目标）；②各方当事人的独立需求和利益（无关事项）；③冲突的需求和利益。他们建议运用如下图表（经作者许可复制并予以简化），以"有助于可视化地精炼理解当事人的潜在需求和利益"。

	共享利益	独立需求		冲突需求	
		当事人1	当事人2	当事人1	当事人2
绝对必要的					
重要的					
可欲的					

四、寻找解决方案

巴斯特莱斯和哈勃认为第四步是寻找解决方案。费什和尤里建议，形成解决方案或创造性选项的关键在于首先将它们创造出来，然后予以评估。创造它们的一个方法是"头脑风暴"：**首先**将所有方案或选项列举出来，**其次**评估它们。评估过程可能会激发附加选项。类似地，通过确定每种选项背后潜藏的原理和理论，然后寻找可以达致相同结果的其他选项，新选项也可能被创造出来。

其他评论者补充，为了刺激讨论，对于所涉观点应当"没有所有权"一说。参与者在提出观点时，并不意味着必然主张它们。否则，参与者可能出于担心而不愿意提出那些可以某种方式赋予或用来针对他们的观点。

在《达成一致》中，费什和尤里也认为，选项还可能通过询问专家而被创造出来。例如，其他不同领域的专业人士或专家会如何面对并处理问题。此外，在讨论或谈判过程中，将问题分割为较小的单元或部分、搁置某些议题，或是思考临时解决方案可能会有所帮助。换用费什和尤里的话来表达，即"改变问题的范围"。如此一来，参与者就可能获得新视角并对创造选项有所促进。

第四节　评估优劣并改进谈判力

正如前面所讨论的，高效的法律谈判者是"善于分析的""务实的""理性的""讲理的"。与这些特征相关的一个重要方面，就是密切关注当事人间的相对优势和相对劣势。

一、相对的能力和影响力

优势和劣势体现了**能力和影响力**，即"谈判者影响对手行为的

能力"。在谈判准备过程中虑及谈判实力时，需要谨慎。不要因过

132 分强调某一因素而误读相对能力，并因此无法如实把握谈判情况。

　　例如，在《达成一致》中，费什和尤里以"财富"为例阐明了此点。通常人们会认为，富人在与穷人的谈判中更具"能力"。然而，请考虑费什和尤里笔下的富裕观光客。此人在孟买火车站想从小贩那以合适的价钱买一个黄铜罐。卖家可能是穷，但他却极有可能了解市场行情。如果小贩不将罐子卖给观光客，他还可以卖给别人。基于这种经验，小贩可以评估将罐子以何时、何价卖给他人。在这种情形下，除非富裕观光客能够大致知道找到类似罐子的花费和难度，否则他在事实上就处于劣势。

　　费什和尤里认为，几乎可以肯定，观光客要么将错失罐子，要么将以极高价格买下它。因此，观光客完全没有因财富增强其谈判力。此外，如果观光客还"露富"，那将削弱其以低价购买罐子的能力。费什和尤里敏锐地观察到，为了将观光客的财富转化为谈判力，观光客本应将其财富用于调查在其他地方购买一个同样或更具吸引力的黄铜罐的价格。

　　在一篇刊载于《美国行为科学家》（*American Behavioral Scien-*

133 *tist*）的后续的论文中，费什详述了谈判实力。他将其分为七类。第一类且可能最重要的是"**关于知识和技能的能力**"。对此，很难不同意费什的观点：比起无技能的谈判者，有技能的谈判者能对他人有更大影响。谈判者通过学习、实践与经验，可以开发自身谈判技能。正如费什所言，"某人习得的技能越多，其作为谈判者的能力越强。"当然，技能可于任何时刻习得。那么，费什建议应当习得哪些个人技能和能力呢？他列举如下：

- 倾听
- 识别对手的情绪以及心理顾虑

- 对自身以及他人的情感保持敏感
- 移情（即想象他人会如何思考、感觉以及表达）
- 清晰有效地交流
- 整合他人的言辞和非言语行为并互为强化（契合）
- 会说不同语言
- 分析信息
- 逻辑思考
- 进行定量分析
- 组织观点
- 就先例、事例与例证形成编目
- 知晓各国的谈判模式并对文化差异保持敏感
- 熟悉大量的程序选择（与解决方案）

134

至于与某种特定谈判的相关知识，费什识别了如下类型，它们可以作为增强谈判者能力的手段。

- 与所有当事方**利益相关的知识**，包括他们的需求、愿望和担心。
- **关于事实的知识**（需要指出的是，为了发现极少数的高度相关事实，通常必需就问题的诸方面收集大量的背景信息）。
- 与所有**当事方相关的知识**，包括他们的个人关注、价值、背景、偏见、习惯与职业抱负等。

费什识别的第二类能力源是"**维持良好关系的能力**"。良好的工作关系可能体现为两个关键要素：互信与交流。当事人及其代理人越能成功共事，他们理解彼此观点和运行环境的可能性就越大。当事人会乐于依靠关于各方诚信、坦率、正直、信守承诺方面的过往"业绩记录"。良好的工作关系还可以降低误解和沟通失误。总

之，良好的关系提供了一个良好信誉（能力）的"蓄水池"可资利用，甚至在当事人之间具有重大的利益冲突时亦是如此。

135　　此外，费什敏锐地观察到，持续性关系可以为接二连三地解决事务提供令人满意的手段。因此，每一个新的实质性谈判都会成为一个合作机会，其可持续建立当事人间的长期关系。

　　第三类能力源是"**获得优秀替代谈判方案的能力**"。在《达成一致》中，费什和尤里强调了发展"谈判协议最佳替代"的价值，此点已在第二章第四节讨论过。例如，假定你准备参与一起买卖谈判，在谈判前，你从他人那里获得一个确定要约就很可能提升你的能力。竞争性要约越优，你的影响力就越强。同样地，如果对手的谈判协议最佳替代的吸引力越弱，你的谈判实力状况就越好。

　　第四类能力源是"**优雅解决问题的能力**"。创造一种能够调节或协调冲突利益或共享利益的解决方案，为影响其他谈判者提供了坚实基础。正如费什所言，问题越复杂，优雅解决方案的影响力就越大。实际上，与这一能力源相关的是在第二章第四节中已经详细讨论的问题解决型方法。

　　第五类能力源是"**诉诸正当性的能力**"。费什指出，当事人被说服时，他们会相信应当接受某一特定结果，因为

136　　● 这是"公平的"。

　　● "法律要求如此"。

　　● 这与"先例、行业实践、可靠的政策考量一致"。

　　● "根据其他的客观标准衡量是正当的"。

这些以及其他的正当性渊源将在下一部分详细讨论。

　　第六类能力源是"**承诺的能力**"。此时，承诺对你自身的行动方案有约束力。例如，当谈判者说出"这是我客户的最终要约，别

讨价还价了"时，谈判承诺发生。

费什将承诺分为肯定承诺和否定承诺两类。通常，肯定承诺是指某方当事人通常愿意做的事，或是即便缺乏协议当事人在特定条件下仍愿意做的事。即便这种承诺会被撤销或过期，但仍具有一定的吸引力和说服力。它将讨论从某种可能性或想法转为某些具体或可操作的事项以便接受这种观点："如果对方同意，那我们就达成了协议。"如果要约是以将各种能力源的累积效应最大化的方式做出，那么它很可能被接受。

费什将否定承诺的能力视为"最后一着"。否定型承诺具有恐吓意味。请考虑下面这个例子（建立在费什给出的一个例子之上）。假定一片不动产的所有者从一位潜在买家那里接到了 87 000 美元的要约，除非还有更好选择，所有者将会接受此要约。进一步假定，另外一方愿意为该不动产支付 100 000 美元。然而，如果价格超出 100 000 美元，该方将另寻他物。

在这种情况下，愿意接受 100 000 美元的买家与所有者，都会因支付或接受 87 000 美元到 100 000 美元间的任何价格而比无法达成协议处于更好境况（用经济学术语来说，这 13 000 美元代表了他们之间的"盈余"分配）。因此，如果那位买家提供 87 000 美元的要约且运用否定承诺表示自己将"自捆双手"，那么可以推定所有者会接受那一要约。相反，如果所有者不愿意接受 100 000 美元以下的价格（"100 000 美元少一分钱我都不干"），那么可以推定另一方当事人将买下这一财产。

费什指出，"这一逻辑可能会导致当事人进行一场关于否定承诺的战争"，而"胜利将走向以恰当价位和最具说服力的方式首先'自捆双手'的当事人"。当中的麻烦是，一方或他方当事人运用"不容讨价还价"这样意义的否定承诺越早，他要成为可将谈判实

137

力累积总数最大化的当事人的可能性就越小。

费什识别的最后一类能力源是"**迷惑对手的能力**"。此种能力源于误传、欺骗或虚张声势。在他的论文中，费什认为，引入制造假象的建议或方法是不恰当的。欺骗及其相关行动、疏忽及其战术将主要在之后的第四章第七节讨论，其着眼于谈判中真相的诸多面相。

即便拥有了这些能力源知识，意识到这些能力的动态机制和限制也是重要的。卡拉斯在《谈判博弈》（*The Negotiating Game*）中认为，当评价或运用谈判实力时，有八条"能力原则"应被牢记于心：

（1）"**能力总是相对的**"，因为鲜有某一当事人的能力是绝对的。

（2）"**能力或许是真实的或明显的**"，因为能力的影响取决于当事人感知，即如果当事人无法感知，优势和劣势无从谈起。

（3）当"对方**相信行动可能或将被采取时**"，"**能力的运用无需行动**"。

（4）"**能力总是有限的**"，"其范围取决于情境、政府法规、伦理标准以及当下或未来的竞争"。

（5）"**能力仅能在可被接受的程度内存在**"。正如卡拉斯指出，某些当事人"就是不怎么愿意被他人支配，并且不愿意被利用"。

（6）"**能力的目的和手段不可分**"。因此，例如，"某人无法寄望通过运用剥削策略而培养出忠诚顾客"。

（7）"**能力的运用总蕴涵着成本和风险**"。

（8）"**能力关系会随着时间发生变化。**"

在《精明谈判》中，詹姆斯·费罗因德认为，影响力可根据"博弈场域"可视化。他注意到，谈判中的博弈场域通常不是"均衡的"。一般而言，一方当事人达成协议的意愿会比另一方高，或者一方当事人参与谈判的积极性会比另一方低。因此，"无论出于何种原因，当博弈场域不均衡时"，就创造了影响力。

他认为，有四种最普遍的"影响力"因素影响"博弈场域水平"：①"必然性"；②"欲望"；③"竞争"；④"时间"。每一个因素连同其他因素，都应当在当事人以及其他信息源（谈判的充分准备的一部分）的协助下被谨慎评估。

第一，**"必然性"**会推动某方当事人进入交易或达成和解吗？"必然性"创造了可资利用的否定影响力。例如，卖家之所以不得不交易，原因在于他需要筹资。这种极大的压力可能导致卖家愿意接受比他本可以通过搁置交易并寻找另外的潜在买家所获益还要低的价格。

第二，强烈的**欲望**对当事人有所刺激吗？费罗因德敏锐地指出，关键的问题是，"谁更**想**交易，以及他（她）对此的感觉有多强烈？"这一差异"为更冷静的一方形成一种真实优势，因为他更愿意承担交易失败的风险"。

第三，存在**竞争**（即许多潜在的买家或卖家）吗？例如，在一起潜在买卖交易中，有许多出价人想要中标人为此付出"最高价，而这会强化卖家拒绝妥协的决心"。

第四，当事人面临**时间压力**或必须赶上**截止期限**吗？费罗因德指出，"当一方当事人面临截止期限而这对另一方当事人没有影响时，前者通常所做的决定和采取的行动会与其在更为轻松的情境下的所作所为有所不同。不幸的是，这些决定和行动会中了他方当事人的计谋"。

记住，不将这一能力彻底用尽可能会对你的客户有好处，因为这可能会伤及客户的长期利益，例如与顾客维持良好关系。

140

二、通过准备改善谈判力

（一）研究并改进替代方案

改进当事人谈判实力的一种方法是，拥有不止一种能够满足其需求的替代方案。一方面，如果某位谈判者在谈判时不知道客户的谈判协议最优替代（在之前的第二章第四节讨论过），那么其谈判力是虚弱的。另一方面，当谈判者有所准备，且对客户的替代方案清晰确定，那么他就可以将对方和解要约与客户的替代方案加以比较，毫无困难地检测对方要约的吸引力。正如费什和尤里指出，替代方案越好，潇洒离开越易。

（二）研究向对方提供其可能所想的方法

前文所述的寻找解决方案和选项，可能会为对方提供其可能所想或所需的方法。能够满足那些愿望和需求，就会形成"积极影响力"。

（三）考虑对方的潜在损失

心理学家发现，潜在损失比起等量所得会在谈判当事人的心中"更凸显"。该启发被称为"**损失厌恶**"。作为谈判准备工作的一部分，研究如果某种皆大欢喜的协议无法达成是否会给对手造成某种潜在损失是重要的。

例如，假定买家想从卖家那里获得某项专利或暂时稀缺物品。物品的稀缺性可能会诱发卖家以高价谈判。然而，如果买家可以购买到几条与卖家形成激烈竞争的生产线，那卖家则很可能对此三思。如果买家让人知道他的全盘生意可以另投他处，那么相比起从稀缺物品中可能获得的等量利润，这门生意的潜在损失就可能更成问题。

（四）研究客观标准

在《达成一致》中，费什和尤里断言，相比"意志之争"，客观的标准或尺度为调和直接利益冲突提供了好得多的手段。他们坚称，如果在立场性谈判中，诸方意志对立，那么谈判将不可能是高效或真正友善的。他们指出，一方必须"让步"。意志之争与客观标准或尺度的差异可概括为如下两个问题："你有多强意愿愿意购买这一产品或解决这一案件？"与此相对，"这一产品或案件的价值几何？"

客观标准或尺度独立于意志而存在，它们几乎存在于谈判的所有方面，其包括如下：

- 现行市价
- 可比销售交易
- 先例
- 法律、规则与法规
- 法院、机构或仲裁员的决定是什么
- 效率
- 专业标准
- 专家或第三方的意见
- 科学意见
- 传统
- 互惠（公平交易）
- 行业标准
- 成本
- 平等对待
- 交易习惯
- 具有可比性的先前裁决
- 设计和安全标准

143

为了展示这些客观标准如何影响谈判，假定某一不动产的"价值"现存争议。一方可能"认为"这一财产值200 000美元，而另一方则可能"觉得"只值100 000美元。相比这些信念和感觉，基于最近可比销售的类似财产价值，才是一种客观标准。

（五）构思

此外，在对方当事人的可能利益以及被其视为正当客观标准的范围内，构思提议会获得优势。如果构思恰当，你可能从这种"构思"启发中获益，该方法建立在经验研究之上，即某人在思考问题及其答案时，会受到问题是如何展现或被提出的影响。

关于"构思"的一个好例子，发生于一战末期重新划定领土边界的大量谈判之中。虽然罗马尼亚在针对德国及其同盟国的盟军战争中贡献颇微，但它却试图翻倍其疆域。尽管罗马尼亚明显弱势，但它却以对共产主义西扩的恐惧构思其论证，而罗马尼亚就在俄罗斯的西边。马尔霍特拉（Malhotra）与巴泽曼（Bazerman）在《谈判天才：如何克服障碍并在谈判桌前及之后取得辉煌》（*Negotiation Genius：How to Overcome Obstacles and Achieve Brilliant Results at the Bargaining Table and Beyond*）中总结到，罗马尼亚巧妙地将其劣势构思成优势："满足我们的要求，否则我们仍将弱小。于是，我们将被摧毁，而你们将尝此苦果。"

（六）形成联盟

最后，请记住"人多力量大"这一箴言。因此，请考虑一下你的客户是否有可能与他人形成联盟，或是招募盟友以抗衡更强大的对手。当然，被联盟遗忘会大幅降低影响力。一战末期和平谈判期间的转移联盟就是这样的一个例子，它将在后文第四章第一节第四部分中的第一分部中讨论。

三、规划要问的问题

研究者发现，谈判者可以出于不同目的而高效地提问：

第一，问题可用于**吸引注意力**或**社交**。例如，"今天你还好吗?"

第二，问题可用于**获取信息**。例如，谈判者可以问："你的客户遭受了什么损失?""你的客户什么时候才首次意识到这是一个问题?"或"如果我们无法达成协议，你的客户还有其他选择吗?"　　145

第三，问题可用于**提供信息**。例如，谈判者可以问："你知道这类证据是无法提交至陪审团的吗?"或"你知道我的客户已经误工超过六个星期了吗?"

第四，问题可用于询问**过程**。例如，"你是怎么算出这个价格的?""支持那一立场的论证是什么?"或"我不明白你是怎么得出结论的，难道我错过了什么?"

第五，问题可用于**激发思考**。例如，谈判者可以问："你有考量过我的客户决定从他处购买产品的可能性吗?"（通常，"为什么"和"怎么样"这类问题也常常用于这种目的。）

第六，问题可用于**获取评价、意见和判断**。例如，谈判者可以问："你的客户在这个案件中寻求（期望）什么?""你会如何评估这个案件?"或"我们已经讨论了这个案件的大多数问题，那么，你对该案案值的最佳判断是什么?"

第七，问题可用于**将讨论引向结论**。例如，谈判者可以问："行，我们达成协议了吗?"

在准备谈判时，谈判者可以根据上面的样式设计一系列问题以覆盖整个谈判。开放性问题（例如以"为什么"或"怎么样"开头的问题）和封闭性问题（例如，要求做出"肯定"或"否定"回答的问题）都可运用。通常，会以宽泛的问题开始，然后再缩小问题范围。此外，以"请帮我理解"作为开始的问题，将会帮助你　　146

提取信息和对方观点。这样一来，谈判者可令对手说了大多数的话却仍然控制着谈判方向。

请记住，为了避免敌对情绪，问题需要以不具威胁性的友善方式提出。如果你的问题是以对话的方式紧接着对手所言，那也会有帮助。请记住，为了避免对方谈判者感觉自己被铺天盖地的问题击中，问题的间隔也是重要的。

在谈判中，问问题的价值不应被低估。例如，当谈判者提出要求（"我的客户将不会接受低于100 000美元的和解"）或是设定截止期限（"货物必须在下月底前发出"）时，询问其中原因通常都会揭示重要信息。谈判者很可能可以从回答中发现一些并非要求和截止期限本身的可以讨论的其他东西，这还可能为综合性谈判或创造性解决问题提供可能性。回答还可能暴露出错误假定和虚假信息，或是给予谈判者拒绝要求的可靠基础。类似地，同时做出两个提议或是运用一系列假设并询问对方何者更优，有时也可获得重要信息。

还请记住，研究者——莱克汉姆（Rackham）和卡莱尔（Carlisle）——通过研究英国合同与参与实际交易的劳务谈判者的行为发现，技能熟练的谈判者所提问题的数量是普通谈判者的两倍。前者的问题会引出重要信息、测试他们对对方所言的理解，并试图确认他们的协议。当然，与问问题紧密相连的是倾听以及捕捉线索的能力。

必须意识到，有些问题会易于导致麻烦。例如，**冒犯或谴责类**的问题。同样地，避免使讨论**两极分化**的问题（例如，你认为这一提议怎样？）以及**诱导性提问**。避免那些试图**强迫他人接受自身观点**——要么反映你所说的，要么包含了你所预想的观点——的问题。此外，避免**即兴提问**。解释问问题的原因可以帮助减少一些问题。例如，一个寻求信息的问题就可以通过提出某种个人需求而被引入，如"我们能花些时间为我梳理一下思路吗?"

有一些广泛认可的技术可以用于避免回答对方谈判者的问题。这些"拦截技术"将在下一章讨论。

四、情感准备

在《超越理性：利用情感谈判》（*Beyond Reason：Using Emotions as You Negotiate*）中费什和夏皮诺（Shapiro）建议，作为谈判准备的一部分，还应当考虑潜藏于情感之下的五种"核心关注"。148 这五种核心关注（人类欲求）可作为"透镜"用于"理解哪些问题可能在即将到来的互动中是敏感的，并可作为杠杆改善情况。"他们认为这些核心关注几乎在所有谈判中都是相关的：

（1）"**鉴别**"——某人的"思想、感觉或行动"是否被贬低抑或被承认有价值。

（2）"**联盟**"——是否某人被当成"敌人"抑或"同事"，包括所保持的"情感距离"程度。

（3）"**自主**"——某人决策重要事项的自由是否被"尊重"或"侵害"，即告诉他人如何做或强迫他们"放弃"。

（4）"**地位**"——某人的相对地位是否被"完全承认"抑或"被视为低人一等"。

（5）"**角色**"——某人在谈判过程中的作用是否由"个人完成"。

通过预测这些核心关注将如何在即将发生的谈判中起作用，你可从如下两方面准备：其一，你要在情感上准备好来自侵略型谈判者的攻击；其二，有计划地满足对方的核心关注，你可令它们为你所用。如此一来，就可以形成"正面情感"以鼓励对手更愿意合作，更好地共事，更具有创造力并更值得信赖。此外，这还是一种无需成本的"无偿让步"的形式。

149　　在准备过程中，当对方对谈判做出贡献，或是将你视（重构）为同盟者时，你可能想要对一些寻求意见、展示鉴别的陈述或问题进行预演。你还可能要计划如何尊重对手，并通过讨论共同利益中可以"增进归属感"的领域、私人的重要事务（像家庭一样），或是征求意见以建构个人关系。

　　对于谈判的精神方面的准备还与建构自信有关。费什和夏皮诺建议，要像运动员那样期望成功、运用放松方法让心灵平静，并控制好自己的情绪。他们还建议要有一个"情绪急救箱"以应对在谈判期间可能感觉到的负面情绪或沮丧。这一工具箱将帮助你的"情绪温度"处于可控范围。例如，它能帮你意识到负面情绪（像愤怒、焦虑、嫉妒、沮丧、内疚、悲伤、恶心、窘迫等）的生理和心理症状。在应对那些情绪时，你可以运用那个工具箱里的工具（例如从 1 数到 10、休息一下）。

　　类似地，在《拒绝突破》（*Getting Past No*）中，尤里建议通过"去阳台上转转"将自身从情绪中抽离并客观审视情况，从而保持心态平衡。

第五节　案件评估

　　评估法律纠纷当事人优劣的一个专业方面是"案值"。第二章
150 已经讨论过，对法律纠纷进行谈判通常处于"法律的影子下"。在过去，法律教育将对抗制作为律师解决纠纷的主要模式。这种法律纠纷解决方法，预设了律师的任务就是将策略上最有利的事实与法律呈现给法官或陪审团，让他们去决定真相并判定与过错相匹配的损害赔偿金。这种估值观念将计算损害的最终责任转移给了法官或陪审团。此外，它还诱导律师主要根据陪审团最可能做出的裁

定——而非其他方式——去思考案值。

实验性谈判与经验研究的结果生动展示了对案值理解存在巨大差异。例如，某位律师认为某一给定情况是案值 50 000 美元的案件，但其他律师则可能**发自内心地** 认为该案的案值是 15 000 美元、30 000 美元、60 000 美元，或 90 000 美元。诚然，对于复杂案件的案值预估，典型律师也容易有百分之百甚至更大差异。因此，需要记住的关键是，案值是一个**范围**而非某个固定数额。

在谈判过程中，每方对案件的预期会经历巨大变化。高效谈判者的一个主要任务是令对手相信审判结果的可能范围（案值）以及结果真的如其建议的那样（高或低）具有真实风险。就此而论，需要记住的另外一个关键点是，谈判者可以通过初试立场和谈判行为去影响另一位谈判者对案值的看法。

一、案值的基本要素

律师对案值的感知是对法律规则、不确定性与预测等多种因素的混合。

（一）确定责任

在评估案件时，一个必须考虑的因素是确定责任（法定赔偿义务）。在某些案件中，责任会被主动承认或是争议不大。然而，在大多数案件中，无论建立在事实基础或是法律基础上（或是同时建立在两者之上），责任可能都是争议最大的。作为高效准备的一个部分，谈判者必须找到应对实质性弱点的方法，并以较为有利的方式展现法律与事实问题。

从法律上说，纠纷可能会以准据法、在管辖范围内是否存在某种法律理论或辩护、证明责任、法律程序问题为中心。通常，这些问题可能无法在不上诉的前提下获得全面解决。从事实上说，纠纷可能会以简单事实（例如，被告是否在停车标志处停车？）或是更

151

为复杂的科学、经济或技术问题为中心。仅仅将纠纷提交至独立的事实裁判者（例如法院或仲裁者）那里，很多事实上的模棱两可最终都能得到解决。在这类案件中，调查者以及双方律师在事实收集上的相关技术与勤勉通常会决定最终结果。

152

（二）损害要素与程度

除了考虑责任确定，律师在做案件评估时必须谨慎考虑损害要素与程度。从原告的角度看，为了谈判与庭审准备，律师的任务是：①确定可及的潜在救济；②从中选择一种或几种最能满足当事人需求的救济；③找寻支持案件事实的权威；④支持对原告最为慷慨的一种（或多种）救济评估。

1. 司法救济

司法救济主要是对损害加以判决。这种救济强调以某种方式——例如减损的价值、维修成本和重置成本——评估损失并做出赔偿，即赔偿原告损失。然而，赔偿救济并非仅仅是损害赔偿，还有像惩罚性赔偿这样的救济。相比之下，恢复原状这类救济一般针对的是被告人的不当得利，其根据被告人的所得加以衡量。例如，恢复原状会用于收回违法者的利润。同时，当合同被废除或修改时它也是一种常见的救济。

153

司法救济的另外一个重要类别是强制性救济。例如强制履行或禁令救济。这些救济受到法院所具有的不容藐视的权力支持。一种相关救济形式是确权裁判，其可确定当事人的权利或解释法律文书。

2. 一般性损害赔偿

根据预期损失的一般模型，法院发展出了损害赔偿救济规则。这些规则（公式）被称作一般性损害赔偿。法律上的每种损害都有其一般性损害赔偿规则。因此，违反土地合同、过失伤人、侵入他人土地等，都存在一般性损害赔偿规则。出于行政便利这一主要目的，法院乐于假定，对某种损失适用一般性损害赔偿规则而无需具有任何实际损失的主观体现。例如，原告有时可能并没有因非法侵入或违约就会事实上境况变差，然而，原告却有权根据一般性损害赔偿公式索赔。

通常，一般性损害赔偿规则提供了价值衡量尺度。例如，在一起土地征用（依法征用）案中，鉴于对土地合理采取最高效的优质使用，土地所有者被判以获得土地的市场价。类似地，当有形财产被毁，一般性损害赔偿标准就是该财产被毁时的当地市场价（根据残余价值进行调整）。当有形财产受损但并未被毁时，传统的一般性损害赔偿标准是，物品在受损前后的价值差（贬值）。然而，并非所有法院遵守同样的一般性损害赔偿规则。例如，一些法院允许恢复损坏之物带来的合理成本，但却不允许将被毁财产恢复到与被毁前大体一样的情形。

3. 特殊损害赔偿

除了一般性损害赔偿，原告有时还可能获得"特殊损害赔偿"救济。这种赔偿差不多只对特定原告有效，而无法期望它发生在处于类似情境的其他原告身上。例如，根据一般性损害赔偿，针对被移转财产的救济是恢复动产在移转时的当地价值（通常从那个时刻付息）。如果原告产生了追回被移转财产的合理费用，那么作为特别损害该费用是可收回的。例如所有者为了立即恢复对被转移财产的占有而公示收回扣押财产通知书所支付的成本以及为让第三人协查被移转财产地所支付的奖励等其他特殊损害赔偿事项，在这种情况下也是允许恢复的。

法院对特殊损害赔偿施加了三个重要限制以使得这种救济更为困难。其一，特别损害必须是由被告的可诉行为实际导致。因此，如果即便没有被告的侵权或违约特别损害也会发生，那么原告通常

154

155

无法得到救济。其二，特殊损害赔偿必须以合理确定的程度被证明。这一限制通常使得失去的利润无法得到救济。其三，特别损害不能被认为是由过远原因导致的结果。在侵权案件中，特殊损害赔偿通常会受到近因条款限制而被拒绝。在合同案件中，这种"过远"的损害，通常会基于其不"处于当事人订立合同时的考量范围内"或并非"可预见"而被拒绝。

（三）支付时机

从原告的视角评估和解的价值，一般来说，早收到钱会比晚收到钱好。受通货膨胀的影响，美元的未来价值可能会缩水。而且，立马得到钱可以马上使用（例如获取利益或进行投资）。此外，未来的不确定情况使得被告可能具有无法支付的可能性（风险）。例如，被告可能申请破产而只能支付和解协议中的极小一部分。从被告的角度看，则大体是相反情形。因为通货膨胀，未来支付的成本可能更低。而且，被告通常还能赚取判决之前未清偿数额的利息。

156　　1. 计算未来任何一笔收支的现值与未来价值

当立即支付可以覆盖预期经济损失或其他可在未来获得的金额时，"现值"减损可能在法律上是必然的。例如，假定根据合同，原告本可以在未来五年内收到一笔 500 000 美元的奖金，再假定被告违约且应对此负责。如果法院判决被告当下一次性付清 500 000 美元以赔偿原告损失，那么在大多数法院看来原告就"过度受偿"了。因为原告于当下就可赚取本来在未来五年内都不可能赚得的那笔钱的利息。

然而在某些法域中，特别在有专家证言支持时，就允许某种"总数抵消"的做法。这种方法假定通货膨胀率与贴现率彼此相互抵消。因此，两者无所谓增减。

为了调整未来价值（下文公式中的 FV）以适应于现值（下文公式中的 PV），你必须做三个决定。第一，你必须知道或确定未来的总价值是多少。在上面这个例子中，其由合同设定，是 500 000 美元。第二，你必须确定计息周期数（下文公式中的 n）。对此，必须考虑复利的影响（例如年度的或是季度的）。因此，就上面的例子而言，n 可能是 5 或 20。其中 5 是代表年周期，20 代表季度周期。在此，我们假定利息将以 $n = 20$ 的季度复利方式进行支付。 157

第三，你必须确定将要支付的当下总额的每期利率（下文公式中的 i）。原告会希望法院适用低利率，被告则希望高利率。对结果而言，利率是一个关键因素。鉴于本例，假定利率是 8%。然而，在这个例子中，年利率必须转化为每期利率 2%（8% 除以 4）。

这些数字可用于下面的这个公式以决定 500 000 美元的现值：

$$PV = FV \left[\frac{1}{(1 + i)} \right]^n$$

带入公式中的已知项，$FV = 500\ 000$、$0.02 = i$、$20 = n$，即可算出现值 $PV = 336\ 486$。这种调整被称为**贴现**数额。利用便携式财务计算器的特定键，输入所有的已知数值，上述计算结果很容易得到。

为此，还利用现值表。下表是对这一现值表的摘录：

1 美元的现值 158

周期	1%	2%	3%	4%	5%	6%	···
1	0.9901	0.9804	0.9709	0.9615	0.9524	0.9434	···
2	0.9803	0.9612	0.9426	0.9246	0.9070	0.8900	···
···	···	···	···	···	···	···	···
20	0.8195	**0.6730**	0.5537	0.4564	0.3769	0.3118	···

运用这一表格可计算出这笔钱款的现值。你会发现，"行"覆盖了纵轴上的 20 个周期。2% 的对应的是 0.6730，因此，要计算

500 000美元的现值，直接将其乘以 0.6730 即可得到 336 500 美元。正如你所见，运用现值表与公式得到的结果有一些细微差别（336 500 美元对 336 486 美元）。

有时，你需要确定当下一笔支付或一个要约的未来值，这一调整被称之为**复利终值**。例如，假定被告提议支付 25 000 美元以解决未来十年要支付的 60 000 美元。这个要约好吗？此时，你不知道被告所用的利率是多少，也不知道利率的支付周期数。从原告的角度看，要决定这一要约是否是一个好要约，应当考虑什么利率体现了这笔钱对客户的价值（这与这笔钱对被告的价值极为不同）。例如，假定你的客户有一个机会，可以稳妥地将这笔钱进行一笔年利率 20%、为期十年的季度复利投资。

159　在这种情况下，为了计算当下这一要约（25 000 美元，下面公式中的 PV）对你客户的未来值（下面公式中的 FV）。为了与正确的周期数（下面公式中的 n，其中 n 等于 40——10 × 4）对应，你要将年利率换算成 3% 的周期利率（12 除以 4 下面公式，下面公式的 i），如下所示：

$$FV = PV\ (1+i)^n\ 或\ FV = 25\,000\ (1+0.03)^{40}$$

在这个例子中，这个要约在此种情况的未来值是 81 551 美元。因此，从客户的角度看，这一要约着实不错。

确定一笔款项在给定周期结束时的未来值，同样可以运用表格。下面是关于这一表格的摘录：

在 n 期结束后 1 美元的未来值

周期	1%	2%	3%	⋯
1	1.0100	1.0200	1.0300	⋯

续表

周期	1%	2%	3%	…
2	1. 0201	1. 0404	1. 0609	…
…	…	…	・・・	…
40	1. 4889	2. 2080	**3. 2620**	…

运用上表计算，那么在假定条件下价值 25 000 美元要约的未来
值就是 81 551 美元（25 000 ×3. 26）。

2. 计算未来一串收支的现值

假定你代理的客户因被告过失致损而完全永久残疾。同时，假 160
定你的客户在法律上有权就其丧失的收入能力受偿（你的客户原本
在未来可以赚得的，但现在却无法赚得的钱）。赔偿客户的一个方
法是被告按星期或月逐次支付。判决除了可以依照《劳动者赔偿
法》（*Workers' Compensation Acts*），或诸如《典型定期支付裁判法
案》（*Model Periodic Payments of Judgment Act*）这类其他的法定授权
做出外，法院通常会判决一次性付款而非周期性分期付款。

为了避免原告"过度受偿"（其原因在前一分段中已有讨论），
大多数法域允许被告将未来收益总额折算为现值并主张一次性支
付。总额应当是未来一串支付（养老金）的现值，以至于裁判数额
及其利息不会在损耗期结束时得以保留。

为了计算这一金额（PVA ＝下面公式中养老金的现值），必
须决定三个事情。第一，必须设定每期利率（i ＝下面公式中的
每期利率）。法院会采取不同方法设定这一利率。例如，有些法
院会提供一个固定数值，例如 4% 的季度复利。其他一些法院
则依赖于陪审团的"常识"选定利率。在此，假定使用 6% 的
年利率。

第二，必须决定原告接受那笔收入的时间跨度（现在以周期数

161 表达）。运用死亡率表（其意在表明人的正常预期寿命）就很有可能为此提供证据。在此，假定原告的正常预期寿命还有 15 年。因为当利息是年复利时，总期数（下面公式中的 n）是 15（15×1）。如果利息是季度复利，这一数值将是 60（15×4），且每期利率是 1.5%（6÷4）。

第三，必须决定每期的固定支付。例如，假定你有证据表明你客户的年收入能力是 40 000 美元（p = 下面公式中的每期固定支付）。如果期间是按季度算，那么每期的固定支付就是 10 000 美元（40 000÷4）。

因此，基于上例，在确定普通或定期（延期）养老金（在每一周期结束后支付）时，在这个公式中插入如下数值（p = 40 000、i = 6%、n = 15 年）：

$$PVA = p\left[\frac{1 - \dfrac{1}{(1+i)^n}}{i}\right]$$

在金融计算器中输入这些已知数值就可解出这一公式，这笔养老金的现值是 388 490 美元。确定即期养老金的价值（在每一周期

162 开始而非结束时支付），你可以摁下在绝大多数计算机中都有的（DUE）键以相应调整计算。在本例中，这笔即期养老金资金的现值将变为 411 799 美元。

为此，还可以利用表格（"n 期中养老金 1 美元的每期现值"）。利用已知利率（6%）和支付次数（15），你可以确定与固定支付数额（40 000）相乘的倍数。正如下标所表明的，此倍数是 9.7122.

n 期中养老金 **＄1** 的每期现值

支付期数	1%	2%	…	**6%**	…
1	0.9901	0.9804	…	0.9434	…
2	1.9704	1.9416	…	1.8334	…
…	…	…	…	…	…
15	13.8651	12.8493	…	**9.7122**	…

将 40 000 美元乘以 9.7122 就可得到的普通或定期养老金的现值 388 490 美元。

（四）税务

案值的一个基本要素是税务。确实，一个救济或和解的价值可能根据其征税方式而被极大地提升（或降低）。就税务而言，当事人的利益通常在涉税方面并不一致。绝大多数税法规则之构成，仅给交易其中一方而非双方以税收优惠。然而，征税方式却可能为大大增加和解价值创造机会。一般而言，征税方式取决于两个基本因素：①对可征税交换价值的描述；②支付时机。

1．原告

对原告而言，基本税务问题是其接受的钱款是否将被征税，如果确实如此，那会在什么时候以何种税率被征税。除了前一年的医疗减免总额，《国内税收法》（*Internal Revenue Code*）第 104 段（a）（2）规定，"将基于人身伤害或生理疾病的非惩罚性赔偿（是否通过诉讼或和解，以及是否一次性支付或分期支付，在所无论）之外的损害赔偿额"排除出了原告的总收入。

这一关于人身损害救济或和解的税务优惠，在很大程度上解释了为何这类案件的"结构化和解"快速增长（将在下一节以及后面章节讨论）。一方面，如果原告接受了一次性赔偿并用于投资，

163

其所获利息则应纳税。另一方面，如果原告接受了结构化和解——鉴于人身损害或死亡而从被告处获得的一系列定期付款或期末整付，那么这些款项则完全排除出原告的总收入范围。1982 年的《定期支付结算法》（*The Periodic Payment Settlement Act*），修订了《美国法典注释》（*U. S. C. A.*）第 26 章第 104 条，并编纂了美国国税局之前的裁定而特定认可了这一排除。

相比人身损害救济与和解上的税务优惠，如果原告通过裁判或和解所获款项体现了其商业利益的损失，那么它通常都将被纳入原告的总收入之内。类似地，通过惩罚性赔偿所获款项通常也被纳入其中。例如，在委员诉格伦绍尔公司（*Commissioner v. Glenshaw Co.*，1955）这个可援引的案例中，一个关于反垄断和欺诈案的和解中的惩罚性部分就被判决纳入总收入之中。

2. 被告

至于被告，如果和解赔偿可从其总收入中扣除而非税后支付，那会令他省一大笔钱。此外，被告的税后成本还取决于准予扣除的时间。如果赔偿支付可扣除，那么它是全部可从这个纳税年度中扣除吗？抑或是即便它通过数年的分期偿还或货币贬值（如果有），也必须进行估值才可获得这一税费优惠呢？

具体地说，被告为了满足判决或理赔要求所支付的数额，一般只有当这些数额作为交易或营业之日常必要开支时，才是可扣除的。对于不从事交易或商业经营的被告而言，生产收入所得，或是因生产收入所得而产生的财产管理、保存、维护费用才是可扣除的。

对于与资本支出、财产取得、固定资产处置、所有权防御、返还财产有关的支付则不能扣除。然而，根据国内税法规定，在特定情况下，分期偿还和贬值这类支出又是可扣除的，或是可与财产处置份额为限予以抵消。

（五）咨询效能

除了（上面讨论的）责任确定、损害因素、资金时间价值以及税务之外，影响案件评估的另一个重要因素——即便并不直接影响价值——是对方律师的庭审辩护技巧。因为案件倾向以大概率审判结果为根据进行评估，而律师的庭审效能会提升或降低谈判对话中的陈述和预测的可信度。

（六）影响力

在诉讼中，当事人的特定关注或需求可能会提升或降低和解价值。例如，当事人可能愿意为了和解而支付额外费用，而非面临因案件所可能导致的法律说明或改变。类似地，当事人也可能基于社会、政治或商业理由而特别希望避免负面新闻。

166

（七）承保范围

从实践上看，承保范围可以对案值提供限制。除非原告在保单限额内提出和解主张，而承保人在该限额内违反和解义务。否则，这通常与损害总额关系不大，因为它们很有是可能无法通过法律程序收回的款项。

二、评估方法

遗憾的是，大多数法学院一般不传授案件评估技术，律师也没有像其他职业那样发展出一些用于常规分析特定情境价值的，关于计划、研究、财务分析以及决策的较为精妙的方法。因此，对案值予以熟练评估的能力，大体停留在强调对陪审团行为加以预测的经验技术层面。

（一）陪审团在类似案件中的过往裁判

对大概率审判结果的预测是对案件给予多大估值的重要基础。作为预测过程之部分，律师评估案件可能会借助参考陪审团的裁定

167 公报。这些报告不仅对评估特定损害有用，而且对于责任认定的可能性也有所助益。

1. 有利裁判的可能性

《人身损害评估手册》（*Personal Injury Valuation Handbooks*）中的"责任追偿概率"一卷，对预测有利裁定的可能性有所帮助。这一服务型工具书，根据交互碰撞、追尾碰撞、正面碰撞、变线碰撞、穿越铁轨碰撞、停车碰撞、倒车碰撞等类型，提供了案件统计信息。该系列的某些卷册，还就未成年原告、过度肥胖、公用企业被告、酒馆内受伤、德行操守问题、追加被告、参与性体育运动事故、割草机事故的心理因素提供了统计研究。在 Westlaw 和 Lexis 中，也有以此为目的的有用数据库。

这类原始资料信息可能会对预测陪审团在特定情境下的反映提供洞见。例如，尽管律师可能认为研究会表明，原告受偿比率最高的是：行人可能穿着深色衣服在能见度有限的情况下，在高速公路旁被汽车撞倒的这种事故。然而，实际审判的统计资料表明，高比

168 例的有利被告裁定出现在因小孩过于年幼而在法律上被认为无法承担共同过失的案件当中（这本应做出有利原告的裁定）。

2. 损害范围

对损害数额的预测，有几种辅助工具。其包括像《人身损害评估手册》这样的出版物以及保险行业适用的软件程序。一般来说，公开资源会提供范围和期待数额。一些资源还特别提供那些被认为是适当、不适当或者过分的裁定。这些资源在诸如颈背损伤、鼻子损伤、脊椎损伤和手损伤等人身损害的案件咨询中已被使用。

（二）经验法则

在对常规的人身损害案件的评估中，一些律师和索赔理算员发展出了一些计算案值的经验法则，其建立在多重"特殊损害"或是

损害导致的实际医疗费用和其他费用之上。这类经验法可能会使用低至两三倍、多至十倍的任意乘数。在像涉及持续苦痛的损害案件中，评估员有时会使用任意且固定的每周数额去评估一般性苦痛。例如，对于完全残疾期间使用某一固定数额，而对部分残疾期间使用较低的每周固定数额。

这些经验法则能提供大致数值，但它们明显忽视了个案差异，并令与实际发生损害的有关问题过于简化。原告律师的一个任务就是跳过这些约定俗成的经验法则。换言之，原告律师必须令对方确信，某种更高赔偿的真实风险可以证成对武断的经验法则的偏离。

（三）公式

公式为评估案件提供了另外一种路径。与简单的经验法则相比，公式能够考量更为广泛的因素。如此一来，律师可以试图对案值更精准地预测。此外，这一路径还能帮助律师系统地考量案件的每一部分。在帮助律师达致客观评估的这个意义上，公式是有用的。

罗伯特·L. 西蒙斯（Robert L. Simons）发展了一种被普遍认可的公式。该公式将案件分为六个范畴，它要求律师对案件的每一范畴予以评估。这些范畴有：

PAV——最可能形成的通常裁定。

PPV——利于原告裁定的概率。

UV——裁定中无法实现的部分。

PC——原告获得裁定的成本。

DC——被告抗辩的估算成本。

I——无形因素的价值。

用代数表示公平和解价值（FSV）的公式为：

$$(PAV \times PPV) - UV - PC + DC \pm I = FSV$$

例如，如果某个案件最可能形成的通常裁定（PAV）是 450 000 美元；有利于原告裁定的概率（PPV）是 75%，两者相乘得到 337 500 美元（450 000 × 0.75 = 337 500）。如果由于被告有保险，裁定中并没有无法实现的部分（UV）。原告获得裁定的成本是 80 000 美元，被告的抗辩成本是 70 000 美元，减去前者，加上后者得到 327 500 美元（337 500 − 80 000 + 70 000 = 327 500）。最后，考虑到有利与不利的诸要素，你得加上或减去所有的无形因素（I）从而得出净值。假定在该案中，利于原告的因素的差额是 40 000 美元，那就加上它，最终得到的 367 500 美元（327 500 + 40 000 = 367 500）就是该案的公平和解价值（FSV）。

由于没有任何一个数字体现了案件必须予以和解的数值，因此，每方的公平和解价值还要考虑 10% 的变动幅度 367 500 × 0.10 = 36 750，即 36 750 美元。因此，公平和解的范围是 367 500 ± 36 750。如果这一分析准确，那么预计原告将不会接受低于 330 750 美元的数额，被告则不会支付多余 404 250 的数额去和解案件。

约瑟夫和大卫·辛德尔（David Sindell）发展了另外一个公式。该公式运用百分点的方法。要运用这一公式，总计为 100 点的数值，要基于以下六个因素予以赋值：

171

——责任（1~50）（可能直接判决；可能去至陪审团；存疑的责任、根据不足的责任、一般责任、根据充分的责任、绝对责任、加重责任）（点值由低至高列明，例如，根据不足的责任获得 20 点，加重责任的案件获得 50 点）

——损害（1~10）（极小损害、轻微损害、中度损害、严重损害、有意识的持续苦痛、死亡）（极小损害得 2 点，死亡得 10 点）

——原告的年龄（1~10）（超过 66 岁 = 1 点、61~65 岁 = 2

点、56 ~ 60 岁 = 3 点、48 ~ 55 岁 = 4 点、40 ~ 47 岁 = 5 点、32 ~
39 岁 = 6 点、24 ~ 31 岁 = 7 点、16 ~ 23 岁 = 8 点、8 ~ 15 岁 = 9
点、1 ~ 7 岁 = 10 点)

——原告类型（1 ~ 10）（拒绝出庭或危险的原告、差的原告、
一般的原告、良好的原告、优秀的原告）（根据原告的外表、
智力以及抵御交叉询问的能力，10 点给予优秀的原告）

——被告类型（1 ~ 10）（陪审团可能喜欢的被告、有个性的
被告、陪审团可能严厉对待的被告、富裕的被告、目标被告）
（10 点给予目标公司被告）

——实际费用（1 ~ 10）（从 100 美元给予 1 点至 1000 美元给
予 10 点；如果实际费用超过 1000 美元，那么超出部分 _____
美元将被加入下面决定最终和解的数额之中）。

在将这些点数加总后，下一步是（根据类似案件在待审法域中
所获得的裁定）确定案件最可能获得的陪审团裁定。这一数额除以
100 以决定陪审团的可能裁定的点值：

172

陪审团的可能裁定（_____ 美元）除以 100 = 陪审团可能裁
定的点值（_____ 美元）。

为了获得最终估值，①将陪审团可能裁定的点值乘以案件的总
点值；②加上超出 1000 美元部分的实际费用：

_____ 美元（陪审团的可能裁定）× _____（案件总点
值）= _____ +（超过 1000 美元的费用）_____ 美元 =
_____ 美元全额和解值。

（四）分组评估

测试某一特定案件价值的另一种方法是分组评估，该办法涉及
多人审查案件以形成集体判断。因此，某间律师事务所可能会有由

普通人或律师组成的内部团队就案值问题或是诸如原告比较过失程度等其他议题提供判断。这一方法可与对原告、被告、关键证人（或是替代扮演者）的阶段性录影询问相结合。此外，也可咨询事务所外的律师。

（五）专业经济分析

173　　如前所述，结构化和解会给原告更多的税收优惠。此外，在对原告个体需求的支付调整上，结构化和解也有优势。例如，定期付款可逐月提升，或是满足像大学费用等预期需求的多种期末整付。此外，结构化支付还能防止因原告无力处理大笔金钱而导致大额和解金的浪费。

　　　　绝大多数的结构化和解提议涉及的不只是年金的线性计算，因此，一般很难确定实际现值，或是伴以不同固定支付额并以一种或多种平均寿命为基础的一次性支付成本。为了就所提议的结构化和解的可行性给予客户可取的意见，律师可能需要咨询那些可以利用电脑对整个和解提议（包括税务影响）进行分析的经济学家。此外，像电脑经济学家系列中的结构化和解程序软件也可提供有用帮助。

第六节　"务实的预期"与授权

一、形成务实预期

　　　　正如前文所述，在代表客户进行谈判前，律师尤其应当对案件
174　的优势与劣势、当事人的利益与关注、谈判协议最佳替代、案值以及根据当事人利益所规划的谈判策略，与客户进行持续讨论。

　　　　这一整个过程，应当在谈判开始前就形成所谓的"务实预期"。在《精明谈判》中，詹姆斯·费罗因德将"务实预期"解释为

"愿望和可行性的混合体"。他认为，"愿望部分是当事人可从谈判中可合理期待的东西，其（建立）在价值的客观要素以及（客户）对结果满意的结合之上。""可行性"部分综合了"当下诸种影响力因素的相对权重"与对方当事人想要达到的结果的评估。

当然，愿望和可行性可能并不匹配。因此，告诉客户"坏消息"是律师最困难的挑战之一，当律师必须告知当事人对方的证据或论证极有可能获胜时，尤其如此。这样做，的确会冒着"困惑、怀疑、拒绝以及对法律信息传达者信念动摇"的风险。在《客户科学：对律师运用坏消息和其他法律实情辅导客户的建议》（*Client Science：Advice for Lawyers on Counseling Clients through Bad News and Other Legal Realities*）中，玛乔里·亚伦（Marjorie Aaron）教授强调，研究表明，律师应当提前预告坏消息，或是"坦率地"以坏消息作为开场白以避免"拖延"和"迟钝"。律师还应当"直截了当和严谨准确"。此外，在讨论优劣势时，亚伦建议从本方客户开始，然后转移到对方身上，最后再进行全面分析，这样做将有利于维持信心。避免抱怨客户。最后，试图消除客户误解。例如，普通人都会认为只要证明损害存在就等同于责任承担。

费罗因德指出，务实预期之确立必须仅建立在评估之上，而"不完美的确立要比毫无建树要好。"就此而论，应当牢记"**过于乐观自信**"所带来的启示。大量的心理学研究表明，这一心理陷阱部分源自这一证据确凿的倾向，即人总是低估他们相对无知的情境形势。特别是在证据开示前，法律争议与冲突一般总具有信息不对称的特征。律师和客户总是超出实际情形的认为他们的案件胜算更大，因为他们倾向赋予当下所知更大权重，而低估他们不知道的东西。显见，因为双方都有这种偏见，所以想要形成快速和解极为困难。

此外，"**可及性**"启发也会发挥作用。关于未来结果的概率判断可能会受到容易想到的结果的过度影响（例如，近期案件或被大量曝光的案件之结果）。

二、获得授权

此外，在谈判前，律师和客户应当考虑律师能在何种授权范围内为客户利益缔结有约束力的契约。大多数人建议书面授权，可出于防止误解之必要，需要向客户解释这一书面授权。杰克（Jacker）教授建议，另外一个对书面授权的证成是，如果将来发生对方提议错误而想撤销的情形时，这会动摇对方的信心。

当律师获得口头授权时，只要时间充分，以书面方式确认是一个不错的做法。确认信函或邮件应当要求：如果存在误解，那么客户应立即告知律师。当没有充分时间进行书面确定时，给予律师的指示应当由客户复查并口头确认。杰克教授指出，律师应当对由他人提供的电话授权格外小心。

全权授权是这样一种授权类型，它允许谈判者基于客户利益缔结任意协议。然而，很多评论者警告，律师实际上应当对那些说"按你认为最好的去做"的客户特别谨慎。正如前文所述，律师需要与客户共同工作以避免律师在客户咨询过程中（包括对谈判进行决策）占据主导地位。

开放授权是另外一种授权类型，它允许律师谈判，但要将对客户必然形成约束力的协议的最终核准权留给客户。

有限授权也是一种授权类型。吉福德（Gifford）教授在《法律咨询与谈判模式的综合：在谈判中维持以客户为中心的辩护》（*The Synthesis of Legal Counseling and Negotiation Models：Preserving Client-Centered Advocacy in the Negotiation Context*）一文中指出，有限授权的一个优势在于，它鼓励客户在谈判中对律师的行为保持较强控

176

177

制。他注意到，"在谈判过程中逐步增加授权确保律师要与客户定期商谈。"因此，律师将"令客户更了解谈判并更直接地参与它"。

替代授权也是一种授权类型。如果当事双方无法对其优选解决方案达成一致，那么客户则会指定潜在的替代性解决方案。此时，这种授权即会产生。

最后，**无授权**则仅允许律师参与初步讨论。

人们普遍注意到，很多客户（特别是保险公司）偏好对授权设定相对较严格的限制。这一方法可能有利于提高谈判者的强硬度，因为谈判者实际上并无权妥协。它允许谈判者基于诚实和确信做出回复。此外，它还避免了可能因谎称具有理所当然的授权所导致的伦理问题。

当授权被视为理所当然，谈判者可能就要对其未能做出要约承担责任。例如，在史迈利诉曼彻斯特保险赔偿公司一案中（*Smiley v. Manchester Insurance & Indemnity Co.*，1978），一位保险辩护律师对某一法律事项存在过失——其未能将授权要约传达给原告律师，因此，他要为裁判判定承保人所承担的超出保单限额的数额负责。

第七节　谈判前起草拟定的协议

就准备提交给对方的协议草案而言，诺伯特·杰克（Norbert Jacker）教授在《审判辩护的谈判技术》（*Negotiation Techniques for the Trial Advocate*）这一录影带中建议了如下方法。律师应当试图以客户视角从预先准备好的类似协议中找到初稿。例如，如果客户是买方，那就以买方为视角。利用初稿以及最终协议中的有利条款，谈判者再去准备草案。谈判者可以让诸如税务专家、反垄断方面的律师、房产策划师等相关人士去评论草案。

178

此时，杰克教授建议要"创造性地运用彩笔"：在原版上将每个人的评论用不同颜色的彩笔予以标记。这样一来，律师就可以跟踪建议修改者。通过"追踪修订""红线""评论"等工具，文字处理程序也可实现同样功能。

在确定改动后，就可进一步检查修改后的版本。杰克教授建议草案不应用连续数字标注（草案一、草案二等），而是应当按照日期标注，这样可以让相当于接受草案三的人不会疑惑为什么他没有收到之前的草案。

草案最终完成后，律师就可以将其送给客户检查。对一个公司而言，客户可能会涉及诸如行政人员、技术和市场人员、会计等其他人员。同样，彩色笔技术以及文字处理方法也可用于追踪他们的评论和改动。这时，草案也可以首次提交给对方。杰克教授建议，应当附上说明信，以表明草案已经客户审阅并标明改动之处。

另外，如果收到对方的草案，杰克教授建议，也要以同样的方式传阅草案，并对其进行检查和评论。如果存在大量改动，为了保持对起草程序的控制，杰克建议根据律师自己的文字处理软件重新打印草案，然后再提交给对方。而一封恰如其分的说明信将表明，由于改动重新打印整个文件会更为简便。

第八节　谈判笔记与谈判笔记本

有些评论家建议，对每次谈话或会晤保留详细的笔记、备忘录和记录极为重要。例如，在《友善说服：我的谈判人生》（*Friendly Persuasion：My Life as a Negotiator*）中，鲍勃·沃尔夫（Bob Woolf）例证了保留详细笔记的价值，特别是在进行电话谈判时。沃尔夫曾代表一名气象学家与电视台经理进行合同谈判。在第一次对话中，电视台经理曾两次着重指出，电视台不会给出超过 120 000 美元的工资。

两天后，电视台经理坚称"无论如何，我的出价都不会超过 120 000 美元，先这样吧"。沃尔夫在周末再次打电话给电视台经理，经理又一次厉声说道："为何你还给我电话？我告诉过你，我的最高出价就是 120 000 美元，就这样吧。"沃尔夫又等了两周，这次，经理说："你这是在浪费生命，我告诉过你，我的上限出价最多去到 140 000 美元。"很明显，电视台经理"在这个月与往常一样繁忙而未能记录具体数值"。沃尔夫得出结论，"我的笔记做得比他好。"

其他人则建议用一种更全面的方法去组织谈判准备并记录谈判进程。例如，在《谈判》（*Negotiation*）这本主要讨论法律技能的书中，戴安娜·特莱布（Diana Tribe）建议创建"谈判笔记本"，以就如下每一事项附以单元和子单元活页：

第一部分：综述。包括将要谈判的争议事项列表、客户首选结果的清晰表述、时间表。

第二部分：事实与数据。包括文件、报告、收据，以及需要探究或纠正的事实方面缺陷，对会议日期、电话会谈、可适用的法律规则或授权等予以记录。

第三部分：提出计划与详细准备。包括对方谈判者的特征与偏好、优先议题、计划的风格与策略、授权、强弱分析、潜在反驳、可能的创造性解决方案、详细的客观标准、有计划的妥协等相关一般事项。

第四部分：谈判会议笔记。对谈判过程、暂定协议等所做的笔记。

181

第九节 谈判伦理

最后，请就你可能遭遇的不同的谈判伦理进路予以准备。在《谈判获益》中，G. 理查德·肖尔（G. Richard Shell）识别了三种这样的"流派"。

"游戏派"将谈判视为"博弈"，而法律则为博弈规则。正如玩扑克那样，唬人和欺骗是掩饰虚弱的方法。与这类人打交道，你必须防范除公开欺诈之外的所有伎俩。然而，不同于玩牌者，如果他们在谈判游戏中拿着一手好牌，那么他们通常会暴露出来。

"理想派"强烈反对游戏派的方法。其基本哲学是，"即便伤人，你也必须做正确的事。"像虚假要约这样明目张胆的谎言或吹嘘，以及从竞争对手那获得更高的价格，必定被认为是不道德的。该流派认为，除非"对其他人的谈判方式保有适度怀疑"，否则这一风险很可能会被利用。

"实用派"遵循"因果报应"。某种程度的欺骗是谈判的必要组成。然而，秉持这种方法的谈判者会非常偏好"有用务实的替代方案。"即使那样，他们还是会在"彻头彻尾的"谎言和作为证成立场之理由的误导性陈述之间作区分。他们还会轻松自如地运用"阻拦技术"（下一章讨论）回避问题。他们还关注欺骗行为对当下和未来关系所造成的负面影响。最后，他们也关注对信誉、工作关系和名声的损害。

这三种伦理进路对如何回答本书第一章第八节自我测试四所提出的一系列问题提供了一种很好的预测指标。

第 *4* 章　开启谈判、
讨价还价、信息交换、战术与说服

　　谈判者在策略与模式上所采纳的方法之间的一般关系，会影响议价、信息交换、战术以及最终结果。门克尔－梅多教授将这种关系以图表方式总结如下：

定位→思维模式→行为→结果

　　本章将综合讨论反映这些基本选择的众多考量和模式。同时，还会处理如基本规则、监督、公开、事实概念化、论证、法律谈判中的真相、对威胁的法律限制等潜在事项。

第一节　环境因素与初步准备

　　法律谈判会受到包括谈判的实际方式或方法等一系列重要考量的影响。例如，是面对面谈判还是电话谈判抑或电邮谈判，以及谈判地点、环境设置、时机、参与方、议程等。很多这些事项都将在谈判开始之前或之初确定。对这些事项做出小小的承诺，有助于为随后将要形成的更为实质的协议打下基础。

一、地点

谈判地以及其他程序事项通常是当事方初期谈判的主题。在国际谈判中，谈判地点通常颇具争议。一个经典的例子是，共产党坚持在三八线非军事区举行朝鲜战争和平会谈，而美国谈判者则提议在海上中立的非战斗船只上举行。和平会谈开始后，美国谈判者才意识到，会议地址实际上是共产党控制下的战区。

在更典型的法律情境下，谈判者通常会在自己（或客户）的办公室、对方谈判者（或对方当事人）的办公室或是法院会议厅等其他中立办公区域之间做选择。大家普遍认为，以自己或对方的办公室作为法律谈判地点，各有利弊。

（一）主场谈判

185　据说，基于以下理由，主场谈判更为可取。

第一，谈判地点可以反映那个地方的环境设置和心理氛围。一般而言，主场谈判被认为拥有布置谈判环境的正当权利，通常这是利于主人的"竞争"优势。在体育比赛中，其被称为"主场优势"。相比之下，当谈判在中立地进行时，环境设置通常取决于谈判者的合意或是某种可用"标准"。

第二，主客关系会对谈判者所呈现出的主从角色有微妙影响。与在中立地谈判相比，主人会更加坚定，而客人会更为恭谦。极为大度地令访客舒适（例如提供咖啡或安排食物）具有巧妙凸显主场谈判者实力的优势。

第三，控制物理场景，就有机会创设一个改善其他谈判者心情的愉快环境。研究表明，心情愉悦的谈判者更易做出让步。

第四，如果协议是在谈判者控制的地点达成，那么主场谈判者可以选择准备协议备忘录或是其他直接用于签署的文件。

186　第五，主场谈判者通常可以节省旅途时间和花费而将其加诸对方身上。旅途所造成的疲劳压力还可能成为本方的一个优势。另一个实际后果是，主场谈判者可以就谈判信息（甚至更多细节）立马请愿。否则，如果时间花在旅途上，那就只有在此之后才有可能。

（二）客场谈判

客场谈判据说也有一些优势。

第一，如果是客场谈判，那就有机会避免提供那些在谈判者办公室谈判所应当准备好的信息。同样地，这也为谈判者创造了"忘记"准备相关信息或其他事项的机会。

第二，客场谈判更容易找借口中断谈判而离场。例如，如果谈判转入客场谈判者不想讨论的话题，那么与主场谈判者相比，他要离开就更容易。如此一来，客场谈判者对时机有着更强的控制。

第三，客场谈判创造了利用在主场谈判者办公室创造问题的机会。例如，当谈判中断时，客场谈判者可以体现宽宏大量。当主人无法提供所需物品时，客场谈判者还能获得心理优势。例如，如果主人提供的是咖啡或饮料，而客场谈判者的回应是要求矿泉水、功能饮料或茶水，如果不能令客场谈判者宾至如归，那么主场谈判者就颇为尴尬。

第四，同意会议选址（或时间）可被视为妥协，当对方知道会议选址满足其需求而对你有所不便时更是如此。在《谈判天才：如何克服障碍并在谈判桌前及之后取得辉煌》中，迪帕克·马尔霍特拉（Deepak Malhotra）与马克斯·巴泽曼（Max Bazerman）指出，关于信任和互惠的研究表明，"礼物和妥协的接受者往往对给予者所蒙受的花费程度并不敏感"。因此，满足对手对会议时间和选址上的要求，可能足以引发对方在其他事项上给予更大价值的回报。

二、环境设置

谈判环境的设置可能对谈判氛围和谈判者间的关系产生重要影响。

环境设置在心理上的重要性有一个经典例子。在《公共利益辩护：法律诊所教育资料》（*Public Interest Advocacy*：*Materials for Clinical Legal Education*）中，迈克尔·麦特斯纳（Michael Meltsner）和菲利普·斯拉格（Philip Schrag）谈及了卓别林的电影《大独裁者》（*The Great Dictator*），希特勒邀请墨索里尼到德国商量他们是否应该入侵中立国。

希特勒的助手将墨索里尼从办公桌的远端带进希特勒的大办公室，因此，墨索里尼就要走好长的一段路才能贴近希特勒，这会让他觉得自己在硕大无比的办公室中显得渺小。希特勒的助手还提前给墨索里尼一张特制的非常矮小的凳子，这令墨索里尼不得不抬头望着希特勒。然而，墨索里尼从后门进入办公室后冷静地坐在希特勒的办公桌上俯瞰希特勒。

随后，他们两人在一间理发店里继续谈判。在此期间，独裁者们通过不断提升各自的理发椅，以获得额外的高度并相互竞争。

环境设置的两个主要方面是：①座位安排；②气候环境以及可用的便利设施。

（一）座位

座位安排可能是谈判环境设置最重要的方面。通常，中立的座位安排能让每位谈判者大致拥有同类的位置、角度以及接近各自谈判小组其他成员的机会（A - B - C 对上 D - E - F）。

如果对方谈判者想对中立安排做出改变或试图改变，那这很可能是在争取获得竞争优势。此外，虽然对环境设置（座位安排、名牌或旗帜的使用）的争议可能看上去微不足道且与相关实质问题无关，但是，它们可能是无形竞争资源（例如，谈判者的相对能力和地位）的重要表达。程序基本规则的设定方面，常常发生在国际争议中。一个经典的例子是，在巴黎越南和谈时，对桌椅安排曾发生过旷日持久的谈判。

座位安排可能会对谈判者的关系产生微妙影响。例如，面对面而坐被普遍认为更易导致对抗行为。此外，当谈判者希望从对方身上获取信息但却不想与其建立良好关系时，这种安排也会受到偏爱。

190

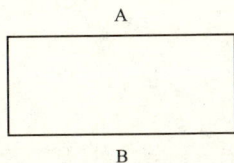

而并排而坐则被认为更有助于形成合作关系和信息共享。

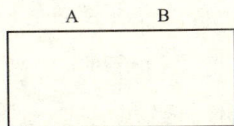

类似地，与面对面而坐相比，依正方形或长方形桌子的直角环坐，一般也更利于形成合作关系。

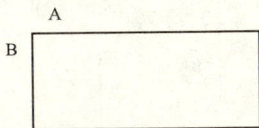

此外，座位安排还可用于控制谈判会议的正式度以及参与者的紧张度或放松度。例如，当环境设置不恰当地施加或要求身体接触

或视觉接触时，紧张、防御和冲突的强度就会提升。另外，与正方形或长方形桌子相比，圆桌被普遍认为没那么正式而让人觉得较为191 亲近。此外，座位安排可能会对谈判者的表面权威有影响。坐在主位的人在控制上拥有自然心理优势。

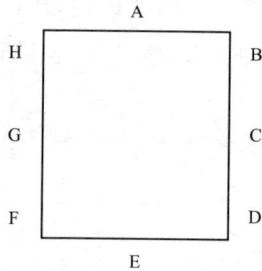

在心理学上，势位是围着桌子顺时针流动：A 在十二点位或桌子"上端"的主位；H 的位置最弱；E 则很可能是选来与 A 直接对抗的座位。

座位安排还可能有助于形成传统意义上的"红脸黑脸"关系。这一方法将某方谈判者塑造成"黑脸"A，行事充满敌意且不甚合理——拒绝接受对方的要求。而本方的另一谈判者则充当"红脸"C 的角色，其明白事理并愿意给予对方想要的东西。当运用这一战192 术时，"红脸"可试图和对手坐在一起。这一设置有助于拉近"红脸"C 与对方当事人 B 的距离。

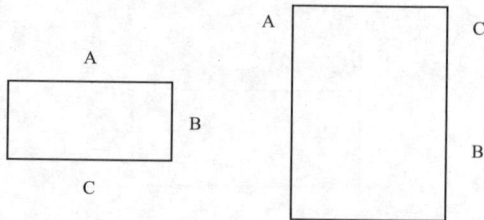

文化差异提供了个人空间大小和重要性的各种变化。在规划谈

判环境设置时，应当记住：与其他谈判参与者坐（或站）得太近或
太远，都可能会使人无意中恼怒。

（二）气候条件与其他便利设施

环境设置的其他方面也很重要。那些妨碍有效交流且应当避免
的事项有：中断干扰、不舒适的气候条件（例如过热）、缺乏便利
设施、噪音。应当提供合理的休息时间、茶歇、食物或其他便利设
施。身体不舒适的人，不太可能和蔼可亲。

三、时间考量

有时，时间考量会在预备谈判中解决。其包括：①谈判者的见　193
面时间；②谈判会议的时长；③达成协议的截止期限（如果有）。
一般而言，如果谈判开始的几个小时没有什么进展，那么最好休息
一下或是计划下一次会谈，因为经验显示这种情况不可能还有实质
进展。然而，当关键期限将至，则可能会有例外。

不同谈判者有不同的能量圈或生物钟，他们常会有表现最佳的
时候，例如早上。谈判者应当知晓自己的能量圈，并尽力将谈判安
排在其表现最佳的时间段。当谈判者出差时，时差（以及附带的时
差反应）同样应当考虑在内。

在诉讼中，威廉姆斯教授建议，一旦诉讼开启，这一过程就可
用于提升感觉上的时间压力。令对方律师觉得你诉讼高效、流畅会
给其压力，而这可能会促使他尽快解决纠纷并对此有所准备。还有
一个附带好处是，这样的谈判者能因强硬和可信度提高他在对手和
本方客户眼中的美誉。

在本书第二章第六节谈及的谈判第一阶段（定位与立场）中，
威廉姆斯教授建议律师保持活力、专注案件。律师应当避免运用格
式问卷、不必要的动作以及其他拖延战术。律师应当敦促法官确定　194
所有协商会议的早期时间安排以及审判日期。

类似地，威廉姆斯教授建议律师告知法官和对方律师，本方会做好准备且期望对方亦是如此。律师应当经常且持续地找到与对方律师保持主动交流的理由和方法。此外，律师应当在及时回电、及时赴约、回信严谨上树立好榜样。

威廉姆斯教授还建议第一阶段不应营造胁迫氛围，而应通过"无偿让步"促进合作。在初始阶段，显得具有合作性的一个方法是：承诺合力寻求可能的最优解决方案。律师还可以承诺其谈判意愿，以及在时机成熟时做出真正让步。

此外，律师可以给予同情。威廉姆斯教授指出，对对方的需求和难处给予合理的同情和理解，对律师来说毫无成本，但由此却可释出善意并营造合作氛围。然而，如果律师采取对抗方针，那么他将不会在第一阶段做出任何实质让步。

195

四、相关当事人、监督与公开

谈判者与相关当事人的数量、"听众"的监督、公开，可能会对谈判者产生重大影响。

（一）谈判者与相关当事人的数量

当多方争议对谈判结果存在利害关系时，有必要对如下事项达成初步协议：①谁将出席谈判，包括中立者、专家和其他第三方；②谁将主导谈判。被代表的个人或团体需要决定他们在决策过程中有多大的参与度。在某些情况下，受影响方应当被告知或是给予机会参与或派出代表。

就谈判所包含的参与方而言，一个普遍认可的重要考量是"结构平等"。一般来说，与争议相关的所有主要当事人或是受谈判结果影响最大的团体都应当在场。这样会大幅提高谈判的正当性以及最终协议被接受并实施的可能性。

在《公共利益辩护》（*Public Interest Advocacy*）中，麦特斯纳和

斯拉格建议谈判者应当尽力确定或评估对方参与谈判会议的人数，
他们主张谈判者应当尽力在人数上与对方持平，可能的话，还可以
多一人。他们的理由是，代表数量少的一方将更易力竭且难以控制
讨论进程。此外，他们暗示，妥协之达成，存在一种在所有参与者
观点之间形成均衡的倾向，因此，额外的谈判者主动到场会对结果
有实质影响。

　　也有评论者不鼓励"抱团"。确实，麦特斯纳和斯拉格也只是
说额外谈判者到场需要基于某些理由证成，例如需要技术专家到场
谈判才能完成。否则，他们也意识到，这会令对方觉得"逼得太
紧"。

　　通常，多边谈判与双边谈判差异很大。特别是，前者具有两个
特殊的潜在走势：①联盟；②拒不妥协。联盟源于双方或多方为了
以共同资源影响多边谈判结果或谋取共同利益而形成的联合。联盟
的一个典型例子是，在有多名被告时，如果原告可从剩余被告处全
额受偿，那么他会与其中一个被告达成一致，限制其责任，降低其
赔偿额。此外，做出和解的被告通常会同意留在案中（以避免发生
"空椅"防御）甚至是为原告作证。关于这类"保证裁判协议"的
后果，将在下面的第五章第七节讨论。

　　一旦联盟形成，即便一方或多方联盟成员能从新联盟中获得更
大利益，现状启发（安于现状的偏好）伴以忠诚感通常也会微妙地
迫使联盟保持稳定。这一启发的结果意味着，当事人可以通过尽早
形成联盟、避免落单而从中获益。

　　然而，有时联盟可能会不稳定和发生改变。关于联盟改变的一
个经典例子发生在一战结束时的凡尔赛条约谈判。在巴黎和会上当
事国花了六个月进行条约谈判，战败轴心国（主要是德国）被排除
出会议最为关键的阶段。在那一阶段，同盟国及其伙伴就条约内容

谈判了四个月才将其提交给轴心国。

来自 27 个国家的 70 位代表参加了谈判，并形成了一个"十人委员会"（美国、法国、英国、意大利和日本各有两名代表）以"协调"谈判。所有其他国家必须在委员会前各自表现、表明主张。在日本被排除后，委员会变成了"四巨头"（美国、法国、英国、意大利）。而"四巨头"通过 145 次秘密会议做出了重要决议。

198 　　意大利由于不满"四巨头"中的其他国家让其做出领土让步，意大利总理维托里奥·奥兰多（Vittorio Orlando）离会。剩下的"三巨头"——英国首相大卫·劳合·乔治（David Lloyd George）、法国总理乔治·克列孟梭（Georges Clemenceau）、美国总统伍德罗·威尔逊（Woodrow Wilson）——主要以私人会晤的方式终结了谈判。而他们做出的决定则被大会毫无争议地正式批准。

多边谈判和交易的另外一个方面是存在潜在的拒不妥协。当其他人愿意达成一致且一方拒不妥协会令其他人按比例支付更多时，这一可能性则被激发。对此，有一个经典的例子。一位财产所有者，在所有其他卖家出售并从房地产开发商处提取溢价，或是某位坚持的商业伙伴比其他同意出售房子的伙伴要价更高，或是除非某一秃鹫基金获得溢价，否则在其利用债券契约条款防止债券重组订购筹划前，他始终"按兵不动"。

在多边谈判中，首先和解还可能有其他好处。最先和解的被告可能会因合作获得优惠。而原告则可以利用这一协议对其他被告施加影响。类似地，当有几位犯罪嫌疑人时，首位与检方合作的人通常能够有更好结果。

关于谈判者的数量还有最后一个问题，发生在"集合和解"

199 （aggregate settlement）——当两名或多名客户由同一个律师代表一起解决索赔、辩护或诉求——的过程中。虽然在接触初始，律师的共同客户可能没有利益冲突，但当要在原告之间进行利益分配时，冲突则可能发生。例如，当一次性和解金不足以全额满足所有客户的索赔时。

《职业操守标准规则》1.8（g）就禁止"代表两名或多名客户的律师就客户主张进行集合和解或是做出不利于客户的和解……除非所有客户都通过签名的方式予以知情许可"。这一要求同样适用于具有多个被告的刑事案件之上。规则 1.8（g）还要求律师完全披露"所有相关索赔或诉求及其性质，以及和解中所有人的参与情况"。这里的关键是，律师需要有能力证明客户的确是知情许可。

（二）监督

法律谈判自然会受各种"听众监督"。有的是直接观察法律谈判的个人或团体，他们可以直接了解谈判者的行为表现。通常，听众能够基于谈判者的行为表现给予奖励或惩罚。

在法律谈判中，可能会有几种听众：其一，听众可能受到谈判结果的直接影响，例如辩诉交易中的原告或劳资谈判中的雇员；其二，听众可能会就达成和解而非特定结果有间接利益，例如，法官若不再审理待决案件则有其利害，但对特定条款则无必然利益；其三，听众可能对是否达成和解或结果没有任何既定利益，通常这类听众大多数是新闻媒体。

关于谈判的研究表明，听众在场会在生理或心理上对谈判行为造成重要影响。第一，当听众在场时，谈判者会有动力从听众那里获得积极（并避免消极）评价。当听众是客户的支持者时，尤其如此。谈判者希望取悦客户。同时，听众在场会令谈判者更为关注形象损失。

第二，听众可能会施加压力以使其偏好立场得到更多的信奉、承诺和拥护，而这可能阻碍达成和解。应对这一问题的一个可能办

200

法是，在正式谈判渠道之外举行非正式会谈，以避免听众的花言巧语。这样，当谈判者拥有更为自由的机会讨论选项、发展关系、探究可能解决方案时，正式观点依然原封未动。

201　　第三，法官或媒体在场可能会增加达成一致的压力，他们还可能减少非理性行为、促进交流，并限制不道德行为。

（三）公开

由于监督对谈判具有重大影响，因此通常都会确立一些关于"公开"的"基础规则"，而预备谈判则会决定：①谈判是公开还是私下举行；②信息将于何时、以何种方式向公众或利益团体公开；③谁负责公开。当然，有时谈判者可能因为阳光法案而必须公开谈判。

五、谈判格式

预备谈判需要确定的另一事项是就争议进行正式谈判的实际方式或方法。例如，是采用书信往来、面对面谈判、电话还是邮件讨论。要确定正式谈判的方法，可能会涉及多种谈判方法。

当然，交往可在言语或非言语层面发生。的确，行动（与反应）常胜于言辞。因此，通过观察点头、面部表情以及手势，就可能知悉重要信息。然而，当谈判是通过电话或电邮进行时，就无法观察这些非言语形式交往了。此外，当律师进行电话谈判时，他也

202　很难识别对方是否心不在焉。例如，当与对方交流重要观点时，对方的注意力可能马上就会放在在场的监督者身上。

律师一般应当就重要事项进行面对面谈判，而不是通过电话或电邮。电话谈判容易遭到对方拒绝，电话一挂，谈判随之结束。此外，电话谈判的用时也会比面对面谈判少。普遍认为，对于那些相对弱势的谈判者而言，应当尽量避免电话和电邮谈判。与面对面谈判相比，电话谈判被普遍认为更具对抗性，在采用竞争模式的谈判

者中，立场更强的采取这种谈判方式更占优势。此外，如果要用电邮方式，一般建议谈判者应当先打电话，好让彼此相互了解并发展某些关系。特别是双方并非旧识时，更是如此。

一般而言，先打电话的人有一些优势。打电话的人可以准备，而接到意外致电的人则猝不及防而无法充分准备。如果律师接到意外致电，他可能会想找到回电的借口。利用沉默（特别是如果来电是国际长途）可能会令对方在间隙时不断说话，而律师则很可能因此从中获得有用信息。

在准备电话谈判时，通常建议律师对要涉及事项或要点制作清单。同时，律师应当会需要现成的事实和数字。如果需要的是数字，律师应有计算器在手。此外，人们普遍认为，律师要准备便笺详细记录重要电话谈话中达成的协议。

评论者还指出一些关于电邮谈判的质疑和风险。其一，电邮可能是一时冲动而做。当发信者生气时，快速回复通常还会惹麻烦。其二，电邮信息看上去对接收者有所冒犯，即便它们本意并非如此。当然，有时电邮谈判不是观察对方身体语言和其他非言语性意义指标的好方式，因此，要想通过它有效地表达或观察情感、态度、语调或情绪并非易事。其三，电邮使用的语言可能被误读。其四，电邮信息本身无法澄清问题和展现细致解释。其五，电邮使得评估其影响力以及对方立场真实的坚定程度更为困难。其六，电邮可能就提供事实信息而言是一种好方式，但在电邮中，一些事实陈述可能考虑不周或表达不精确。

此外，电邮谈判也有一些优势。在《谈出优势》（*Bargaining for Advantage*）中，谢尔指出，当谈判者在资料或经验上不处于同一等级时，电邮是达致平衡的一种方法。它给你时间考虑回复，还让你可以清晰记录谈判。而在当事人距离遥远时，这是很方便的。

203

204

此外，电邮能让你较容易地提供大量数据支持自身主张。

六、谈判议程

"基本规则"通常还会涉及拟谈事项。根据不同情况，一些事项可能被设定为无须谈判和讨论的。另外一条基本规则可能涉及的是新问题何时以及以怎样的方式在谈判中提出。谈判议程还可能会确定拟谈事项之间的关系。常言道，"堆积议程"是获得战术优势的一种方法，但是这会冒着违反"结构公平"这一知觉规范的风险。杰克教授建议，获得这种优势的一个方法是提供打印或印刷的议程。特别是在议题复杂时，更是如此。与其他预备事宜类似，议程事项在国际谈判中可能会消耗大量时间。

七、单一谈判文本

特别是在交易背景下，当事人需要决定的其中一条可能的"基础规则"是费什和尤里所谓的"单一谈判文本"。这种方法与利用第三方调停者听取各方需求、关注和利益有关。调停者可以将那些需求、关注和利益拟定清单，以供审阅和额外整改。基于这些信息，调停者可以草拟一份供双方审阅的倡议书——单一谈判文本。基于双方反馈的进一步信息，这一过程可以不断延续，直至当事人彻底接受或拒绝拟定的协议。

费什和尤里暗示，这种安排具有一些好处。它令谈判着眼于当事人的利益而非立场。这一过程还能帮助当事人设定优先事项，减少为了达成协议所需要做出的决策数量。此外，调停者可能有助于形成创造性解决方案，以弥合可能被揭露出来的分歧。另外，这种方法可能极为耗时，而且还取决于调停者的技能。此外，在协议达成前，也存在一方当事人终止谈判、决定离场的风险。

八、谈判之初或期间的礼物

最后一个考量是在谈判之初或谈判期间的礼物的作用。在一些国际场合中，在谈判之初交换礼物被视为是一种重要仪式。不交换礼物会被认为是无礼的。有一位评论者建议，在那种场合，要提供象征你的客户地位并彰显拟谈交易重要性的礼物。因此，你可选择体现你当地特色或是展示客户标示的物品作为礼物。然而，在这之前，确定其与当地风俗相符。 206

在美国，在谈判之初或期间送礼比较鲜见，但有时亦会发生。例如，哥伦比亚广播公司一位高管知道喜剧演员杰·雷诺（Jay Le-no）特别爱好改装和骑古董摩托车。碰巧，那位高管的兴趣也是古董摩托车。当哥伦比亚广播公司决定让雷诺在其电视网络中出演一档深夜娱乐节目时，这位高管告诉雷诺他"有"一辆凯旋复古摩托车——高管知道它不在雷诺的藏品之中。这随即引起了雷诺的注意，他说道："你必须带来给我看看。"然而，事实上，这位高管根本没有这辆车，但是，他知道在哪里可以买到。哥伦比亚广播公司购买了这辆车，并由这位高管将其带至雷诺家中展示。

在《深夜换：雷特曼、雷诺与网络夜战》（*The Late Shift*：*Letterman*，*Leno*，*and the Network Battle for the Night*）中，雷诺的反应被描述如下："雷诺穿着工作服从车库中走出来，绕着凯旋踱步赞叹。这辆车的复古度超过其所有藏品。但是，他在环绕凯旋时，眼中仍透着欲望的光芒。他还对（高管）可以在何处改装给出了一些建议。"在对摩托车不断打量的时候，雷诺突然留意到了油箱旁边的饰板，并满脸困惑地说道："这是什么？"饰板上镌刻着"发动它！骑着它去往哥伦比亚广播公司……永远"。那位高管回应道："这是我们对你的召唤，杰。我们只是希望你能知道我们是多有诚意。"雷诺字斟句酌地回应道："吉，我简直不敢相信你能这样做。 207

我都不知道该说什么了。"那天，那位高管并未有任何逼迫行为，然而，哥伦比亚广播公司的做法令人信服，而与雷诺经纪人的正式谈判随即展开。

送礼是有风险的，它们可能会被认为不甚恰当，甚至在很多情况下被认为是贿赂。正如《布莱克英语词典》（*Black's Law Dictionary*）所定义的，贿赂是一种"着眼于妨碍身居要职者判断或影响其行动所给予或承诺的费用、奖励、礼物或好处。"

在国际背景下，1977 年颁行的《反海外贿赂法》（*Foreign Corrupt Practices Act*）令美国公司和个人应对行贿国外官员承担刑事责任。经修订，该法具有复杂而详细的规定，其禁止在美国境内或任何在美国境外具有美国法律人格的"证券发行人""国内相关者"或"其他任何人"，"利用邮政或州际贸易等任何方式"，"向任何外国官员、外国政党或其官员、外国政务官员候选人或是其他知道支付会通过中间人转给外国官员、外国政党或其官员或外国政务官员候选人的中间人"，"促成提供、支付、承诺支付或授权支付任何有价物"，从而"腐败地""影响任何官员的行为或决定，以促使违反法定义务或是确保不正当利益的任何作为或不作为"，"或是促使协助公司获得、维持或指向与任何人交易的任何行为或决定。"

近年来，《反海外贿赂法》的实施得到巨大强化，正如有的评论者所言，违反它将"付出沉重的代价"。法条适用的语言歧义以及"激进实施"令许多人断言："切勿行贿，也别做任何像行贿的事。"这种态度可能过于简单了，但任何以礼物、支付或是良好"企业公民"支出形式体现的东西，都需要严格的法律审查。

在非政府语境下，"商业贿赂"也是犯罪。例如，路易斯安那州的法律禁止"在委托人尚未知悉或同意的情况下，以影响私人代理人、雇员、受托人对委托人或雇主事务的相关行动为意图，直接或间接给予或提供给予私人代理人、雇员、受托人具有明显现值或预期值的任何东西"。

第二节　开启谈判并发出初始要约

正如前文所注意的那样，高效法律谈判者的一个共同特征是准备充分。准备不足会弱化你的谈判立场，并令对手降低对你作为谈判者和诉讼人的尊重。正如第三章所讨论的，准备包括研究事实和法律、清晰表述论证和反论证、知晓相关税务后果、考虑综合性的问题解决方案、准确评估案值。 209

准备还包括规划谈判策略和模式。正如第二章所讨论的，谈判模式可视为连续统，纯粹的竞争模式和策略以及纯粹的合作模式和策略分处两级。一般的经验建议是，每个人都可以在有足够激励或挑衅的基础上，从一种模式和一组策略转变至另一种模式和策略。换言之，每个人都可以从这一连续统的一个方向转至另一方向。在某种程度上，高效的庭审律师在诉讼中可以这样做，教授课堂授课亦是如此。同样地，法律谈判的论辩阶段、妥协阶段以及谈判第二阶段对替代解决方案的寻求过程，也要求在某种程度上这样做或是准备策略。合作者特别倾向于相信计算那些因素发挥何种作用是不真诚的，而且他们也倾向于相信最诚实的人会对发生情境做出"自然"反应而非事前计划如何获得优势。

当事人坐在谈判桌前时，基础规则业已确立，那么就要有一方"开启"谈判。一些评论者建议，应当对开场白字斟句酌，因为它们可能会对另一方的感知，以及是创造积极还是消极氛围有重大影响。当然，采用何种方法，将受到谈判者基础策略的影响。正如前 210

面章节所论，谈判的开场部分为确定立场或是传达当事人的目标、关注、需求提供了机会。此外，它还为了解信息和建立关系提供了机会。

《获得更多》描述了一种有趣的开场方法，戴尔蒙德教授喜欢以"发生什么事了"这样的问题开启谈判。这种"非正式的闲谈式"问题有助于与对方建立关系，形成某种舒适气氛以获取信息，并首先注重对方的情感和感知。他专门建议，特别是在商业谈判中，要避免以缺乏合理标准或是"被**其他**当事人视为"偏见的"极端出价"作为开场。相反，他建议要循序渐进，特别是在困难和复杂谈判中。

如果采用对抗策略，那么说服对手的一个重要部分就是谈判者要有强力主张（要解决它必须做出实质妥协）以试图影响对手对案值的观点。如果谈判者代表原告，那他运用对抗策略就应当以相对较高的要求开场。相反，如果谈判者代表被告，那么他就应当确立更利于被告的相对强硬立场。

211

在对抗语境下，这种方法本质上是一种极大主义。研究表明，那些对案值不确定的谈判者倾向以对手的开场要价设定自身目标。一种极大的开场要价能提升和解的价值，因为它提高（或降低）了诸种开场立场的心理中点。它还可以防止谈判者接受过于温和案值的风险。它隐藏了谈判者的真实预期或最小预期，同时，它还创造了谈判"筹码"。

心理学家将运用开场要价去影响对方注意力和预期的过程称之为"锚定"。很多研究证实，特别是在对方不确定结果怎样才恰当时，锚定具有强大效应。此外，即便对方谈判者经验丰富，这些效应依然会发生。

例如，在由格雷戈里·诺斯克拉夫特（Gregory Northcraft）和玛格丽特·内尔（Margaret Neale）所进行的一项常被人引用的经典研究中，他们让大量平时在亚利桑那州图森地区工作的经验丰富的房地产经纪人巡视两间待售房屋（在研究进行期间，独立评估机构曾对房子分别估价 74 900 美元和 135 000 美元），并给他们提供了一份 10 页的信息包，其中包括房产的多重上市服务标准汇总表、临近地区在售房产列表、附近已售房产的近期信息等各类用于评估房子价值的信息。在这些信息包中，唯一的变数是在多重上市服务标准汇总表中的"标价"以及相应的每平方英尺单价，与独立评估机构的报价相比，信息包中的市场价，分别高 11% 到 12%、4%，低 4% 或 11% 到 12%。因此，一间 135 000 美元的房子，经纪人就会从卖家那随机获得 119 000 美元、129 000 美元、139 000 美元或 149 000 美元的报价。

212

在收到这些信息并用二十分钟看房后，这些经纪人被要求提供四个数字：①你评估这间房子的价值是多少？②这间房子恰当的广告价是多少？③作为买家，你愿意支付的合理价格是多少？④作为卖家，你愿意接受的最低报价是多少？

通过对经纪人对这两间房子的估价分析表明，他们的估价会受到其中一种信息——标价（在不动产交易中就是卖家的最初报价）——变动的极大影响。信息包中的标价越高，经纪人就越可能对所有四个价格给予更高估值。此外，当经纪人被问到影响你们决定的前三重要考量时，仅有 1/10 提及了市场价。当然，一些经纪人可能不愿意承认他们靠别人提供的价格信息（卖家的标价）去估价。然而，看上去是许多经纪人没有察觉到卖家标价的锚定效应。

213

在《谈出优势》中，谢尔建议，当你认为你和对方差不多了解行情甚至比对方更了解时，应当通过初始要价轻松自如地利用锚定效应。谢尔建议运用"**具有支持标准或论证的最高（或最低）报**

价，这会令你做出像样的主张"。这种"机会主义型开场"和缺乏任何根据的"离谱"要价形成了鲜明对照。然而，在某些国家，讨价还价被视为理所当然，离谱要价反而才是常态。

很多评论者建议，为了缓和对方开启谈判时的锚定效应，你应当做出攻击性反要约并跟以一个温和建议去"抵消他们的锚定"。在《谈判天才：如何克服障碍并在谈判桌前及之后取得辉煌》中，马尔霍特拉与巴泽曼给出了这样一个例子。"好吧，基于你意料之外的报价，看上去我们还有**很多**横亘在我们面前的工作要做。从我们的角度看，一个公平的要价更接近 X 美元（你的反要约）。"于是，你可以补充到："我会向你解释我们如何估价这单生意，但是，在我看来，如果我们要达成一致，我们双方必须共同努力。"这一方法的效果是，减少对方的锚定，将讨论从极端立场转移到"对共同基础的探求"之上。

在面对攻击性锚定时，很多谈判者的回应是反问：你实际上是怎样算出来的？马尔霍特拉与巴泽曼认为那种方法是"一种危险的策略"，因为这会令谈判停在对手所设的锚定上。从心理学上说，一个锚定被讨论得越多，"它就变得越强"。如果你对对方的要约感到意外，他们建议你至多在事情已经改变的情况下调查学习一下就可以了。如果对方要约没有任何新的实质内容，他们建议你通过分享自身观点和以自己的方式定义谈判，进而"快速"地将注意力从锚定上转移。

正如本章第四节所表明，以"回避"或"退避"的方式回应那种完全不可接受的要约通常是有效的。此外，马尔霍特拉与巴泽曼建议，从你自身的视角讨论事态而使对方能够在随后重回谈判桌，而不是迫切要求一个更可接受的要约。这将给对方时间降低要求并保全面子。

　　不通过发出初始要约来设定锚定还有两个理由。第一个理由是，如果对手发出初始要约，那么你还能想办法将其"排除"，即调整你的开场要约而令目标离中点更近。例如，如果对方的开场要约是 50 000 美元而你的目标是 75 000 美元，那么你可以把 100 000 美元作为开场要约以利用当事人会趋近中点的这一确定心理趋势。 215

　　不发出初始要约的第二个理由是，存在"预期实质重叠"这一可能性。做出过低初始要约的结果可能是你将在"谈判中极为得不偿失"。例如，如果想做一笔买卖并以五百万美元作为初始要价，而如果对方愿意支付一千万美元，那么你将失去获得更多的机会。出于这些理由，你会常听到"绝不率先出价"这一建议。

　　威廉姆斯警告，谈判者应当避免试图在谈判礼仪上"走捷径"的诱惑。例如，一些保险公司（长期代表承保人）的辩护律师对原告律师形成了某种歧视。他们不按谈判阶段的礼制走流程，而是利用它们特殊的专业技能和经验去确定公平案值。有时在早期阶段，他们会通知原告律师案值是多少，此后，他们将拒绝谈判以及被说服，或是拒绝满足原告律师从他们身上挤出一点让步。实际上，这种方法就是拒绝讨价还价，这意味着要么接受初始要约要么上法庭。因为原告律师无法给客户提供更好的要约（不考虑进一步的调查、花费更多的时间和成本），故即便最初的和解要约是"公平的"，被告律师不容讨价还价的策略也会强迫原告律师（出于面子 216 和其他理由）建议原告打官司。

　　在对抗型谈判中，辩护律师最好从低开始，然后再做出让步。因为辩护律师不会以一种"公平"的初始要约创设高预期，所以这种影响将促使原告律师预期更低。同时，这种方法还会令原告觉得是律师的努力产生了好结果。不仅更多的案件可以和解，而且对辩护律师而言，他们也能获得更好的和解结果。此外，这还能让原告及其律师更为满意。或许，当对手极为弱时，只要进行充分解释，不许讨价还价是正当的。然而，即便这样，对手也可能做出消极回应。

有时，采取"不许讨价还价"的开场要约并拒绝进一步谈判可能本身就不甚恰当。多年以来，莱缪尔·布尔维尔（Lemuel Boulware）作为通用电气的劳资谈判主管，通过细致研究验证，得出了他认为的某种公平要约，并将其作为通用电气在劳资谈判中的"最终"要约。除非工会证明他的分析有误，否则他从不愿意让步。最终，工会促成了裁决，即"布尔维尔主义"因未能诚信谈判而违反《全国劳动关系法案》（*National Labor Relations Act*）的裁决。

当马上接受对方的初始要约时，会发生谈判过程中的另一种"走捷径"形式。快速接受很可能会激发一个基本问题："有什么是我们不知道而对方知道的？"因此，这可能会导致重大的**买方（或卖方）懊悔**。这可能会反过来导致对方想方设法食言或是不完成交易。而"一场激烈的战斗"则会产生相反的效果。

正如前文所讨论的，采用问题解决路径的谈判者会在谈判前制定计划。这一计划应当评估各当事人潜在的经济、法律、社会、心理和伦理关注及其短期利益和长期利益。这份计划还应包括对可能解决方案和资源的细致调查。谈判者应努力确定客户利益的正当性并将讨论的重点放在当事人的需求和关注上。

费什和尤里还建议，要积极听取和承认对方当事人的关注。要以探究"为什么"这样的问题作为开场观点。门克尔－梅多则建议，即便对手强调对抗型策略或竞争性战术，利用问题解决方法的谈判者仍然可以试图解决问题。当对方当事人的需求受阻或是信息无法共享时，问题解决将"结束"。然而，采用问题解决方法的谈判者仍应设法解决问题以满足当事人明显但或许是不完全且不真实的需要。

　　采用问题解决策略的谈判者的开场要约模式很可能会被与采用对抗策略的谈判者的开场要约模式进行比较。巴斯特莱斯和哈勃指出，对于采用问题解决策略的谈判者而言，关键问题并非开场要约应当是"多少"，而在于可能同时做出的开场要约和解决方案有多少。确实，采用问题解决方法的谈判者要将做出多重要约视为整体策略的一个重要方面，以感化采用对抗策略的对手去采纳共同解决问题的路径。多重要约或解决方法会迫使其他谈判者做出回应，这极有可能令对手需求得以明晰。多重要约或解决方法有助于揭露虚假需求。避免运用单一要约，还有助于避免对抗型谈判者所具有的线性论辩和让步模式的特质。根据所揭露或满足的对方当事人的真实需求去评估反应，是做出多重要约或提议的关键方面。

　　巴斯特莱斯和哈勃认为，运用问题解决策略的谈判者，不太可能关注是谁发出开场要约。当竞争型或合作型的问题解决谈判者与采用对抗策略的人进行谈判时，建议问题解决者尽可能发出开场要约。当合作型的问题解决者与竞争型的问题解决者谈判时，他们暗示前者很可能会以一种开放且广泛的方式启动要约过程，而竞争型问题解决者则会谋定后动、偏向回应。为了更为高效，他们建议合作型问题解决者必须要求竞争型问题解决者分析所有提出的解决方案，而不仅仅是那些对竞争型问题解决者有利的方案。

第三节　构建有利的案件概念模型，论证并寻求解决

　　正如第二章第六节所讨论的，在对抗型谈判的第二阶段（论证、折中、寻求替代解决）中，谈判者会试图从其各自的初始观点偏移，而迈向更为合理或有利的立场。在这一阶段和下一阶段

218

219

（"突现与危机"）中，沟通论点、刻画事实以及议价效将能决定各方在多大程度上有达成一致的意愿。

一、事实概念化

对高效的诉讼律师和上诉律师而言，最可贵的特质之一就是以有利的方式将事实加以建构和概念化。对法律谈判者而言，这种能力再重要不过了。高效的辩护律师普遍承认，"案件是建构出来的"，其本身并没有某种天然的内在价值，而只具有一个价值范围。

在对抗语境下，支持某种更高（或更低）案值主张的方法是以最有利的策略方式刻画事实——描绘出讨人喜欢的陪审团以及如何将案件呈现给他们。因此，在将案件概念化时，谈判者需要以足够的可信度"描绘"出一幅融贯图画，而令对手对你的提议产生恐惧。虽然这种可能性很小，但它**仍然可能会发生**。特别是在复杂情境下，利用审判主题标签（例如，"年轻富有的花花公子""宠坏的小孩""自由卫士""恐怖分子"等）或等价物也可能颇具说服力。

正如第二章所述，合作模式的一个基本动态机制是在心理上趋近对手。合作者传达了一种关于共享利益、价值和态度的感觉。他们试图寻求共同基础，增进互信氛围。他们会运用理性的逻辑说服作为寻求合作的手段。威廉姆斯教授发现，竞争型谈判者将合作视为弱势的表现。从竞争型谈判者的角度看，强势之人或是拥有强力主张的人不会让步或承认存在弱点。当对手想与竞争型谈判者合作时，他们实际上会**提高**要求以及案件预期。未能对谈判立场做出强有力辩护或是对无法和解的代价予以不当关注，有可能导致形象损失以及被竞争型谈判者提高要求。

因此，在对抗语境下，谈判者对案件的概念化以及自身立场每每会受到质疑。为此，谈判者必须令人信服地做出辩护。他必须构

220

221

想出反论或反驳，必须找到应对弱点的方法。通常，具有合作倾向的谈判者会期待，一旦他们说过什么对手就会相信。然而，"说过"并不足以令人信服且强有力地确立某一立场并为其辩护。威廉姆斯教授建议，只要立场被质疑，谈判者就必须以令人信服的诚意做出回应。否则，如果谈判者消极地任人攻击其立场（或是谈判者本人），**那么谈判者实际上就在鼓励不断升级要求和侵略性战术**，并同时提升了对手预期。强有力的辩护有助于体现案件优势，令对手确信谈判者本身是一个没有明显弱点的可怕对手，并能将案件以每一种可能赢得优势的方式呈现。

另外，如果谈判者在对抗型谈判中未能按这种方式坚持立场反而有所妥协，那么他将被视为弱者，并在真正需要妥协的时候毫无优势。威廉姆斯还建议，要避免将可令对方惊讶的"最优"事实保留至庭审这一圈套。请记住，在由十个案件组成的任何一组案件中，其中九个案件很可能都是通过和解解决而无需审判的。将最优事实保留至庭审，谈判者会处于尴尬境地：他只能为一个没有受到充分支持的案值去论证。

在对抗型谈判中，发展某种有利的案件概念模型并为立场强力辩护还有其他重要好处。它有助于创造和加强谈判者对有利结果——是高还是低取决于谈判者代表谁——的自身预期。在对抗型谈判中，形成高预期并将其内化会与令人信服且真诚的陈述形影相随。

高效的法律谈判要求以最为有利的策略方式呈现问题，并对信息流有所选择地控制。事实并非全然中立，它们会受制于合理描述，并以几乎同样的方式呈现给陪审团。因此，在谈判前，对于运用对抗策略的谈判者而言，考虑如何将事实予以概念化并加以解释以强化谈判立场就极为重要。

222

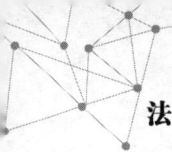

此外，在谈判过程中，概念化必须要与对方相互交流并"令其理解"。换言之，谈判者不应"仅仅让事实自己说话"。诚然，谈判者高效的一个特征是，他所"描绘的图景"遭到多少次质疑，他223 都应真心、确信、直率地重复描绘。然而通常建议，如果主张未受挑战，则不应重复超过两次。

二、调整论证提出顺序

在对抗型谈判中，与合作型对手谈判，法律谈判者可以从减少当事人分歧的地方开始，并试图建立共同基础与合作交流以显得更具合作性。然而，威廉姆斯教授建议，与竞争型对手谈判时，最好还是强调分歧，并首先提出最强有力且最具说服力的论证。为了之后的妥协筹码，高效的竞争型谈判者还可能会首先创造（那些看上去重要但其实并不重要的）"虚假问题"。

三、论证与博弈

就论证与反论证而言，有两个方面需要仔细考虑：①要以"证据"而非修辞支持立场；②避免或突破伎俩。

（一）用"证据"支持立场

很多评论家建议，在法律谈判中，最好的论证方法是用证据支224 持立场或观点。提出证据或理由会增加法律谈判者立场的可信度。例如，在对抗型谈判中，谈判者可能就案值、缺乏时间压力或无法做出进一步妥协提出证据。

在提出证据支持立场时，谈判者应当避免一些消极因素。平铺直叙与情感矛盾将传达出问题已经无需审查的印象。此外，这会降低对方谈判者对证据的接受度。这一方法有助于避免诱发"被动贬值"启发（这很可能会影响对方谈判者或客户），即认为对方所说的一切都是可疑和打折扣的。类似地，提出证据（避免武断和情绪化的主张）有助于制约对方通过心理过滤自动将体现于"**选择性知觉**"启发中的与对方案件假设相反的信息予以筛除。

评论者还提到论证间距的重要性。谈判者应当在提出观点与论证中间留有足够空间以供对方谈判者充分吸收。如果提议、观点和论证很复杂，那么时间还应给多点。运用简单的例子和类比，是强化论证的一种好方法。正如下文所述，视觉辅助可以实质地强化论证提出。同样地，像和解说明书这类组织好的资料也可带来累积效应的好处。

最后，论证的目的必定事关角度。如果你觉得你需要对与你客户利益相对的所有事实解释或法律解释表示异议，那就是错误的。如果你认为你的任务是要让对方同意你对事实或法律的解释，那也不甚恰当。

正如威廉姆斯教授所言，论证的第一个目的是展示你理解对手的立场但你也有强有力且具有说服力的相反立场。论证的第二个目的是辨别、削弱、中和对手的论证以至让对手无法可靠地主张某种不可动摇和不可改变的承诺。在这一过程中，关键之处在于，要给对手留有余地而不失脸面。此外，整个过程需要做得细致准确。想必，你不会想被人认为是"过于匠气、锱铢必较、爱辩好斗、敌对讽刺或行事狡黠靠不住"。

（二）沟通伎俩

为了做好准备以证据支持立场并胜人一筹取得优势，被很多评论者称之为"沟通伎俩"的谈判倾向就会发生。用沟通分析的术语说，伎俩通常与亲子沟通而非成年人之间的交流有关。之所以应当避免这些伎俩，在于它会危害谈判过程，导致不信任。它还会破坏关系、抑制合作，而合作恰恰是达成目标所必需的。

一般而言，当一个人感到不受重视或是谈判没有任何进展时，

225

226

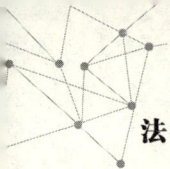

这种伎俩就可能被辨认出来。其基本线索是,在沟通分析中与父母角色相关的多种形式:"应该""应当""做""不许做""像我这样"。许多胁迫形式也与这种交流类型有关。

研究者和评论者还识别出大量不同伎俩,很多都与法律谈判直接相关。例如,一种伎俩是与**专长**有关。在这种伎俩中,谈判者会以各种方式试图占据某种可信立场,并基于自身懂得更多而试图导控其他谈判者。换言之,谈判者在事实与法律上拥有更丰富知识与更深刻理解。这种专长通常会将"不容讨价还价"予以正当化,然而,事实上这可能远不足够。

另外一种伎俩则与事实和印象有关,即所谓的**花言巧语**。在这种伎俩中,谈判者会试图以大量推断性事实和印象,或是描绘出一幅好得令人难以置信的图画的方式,压制其他谈判者。在《谈判博弈》中,卡拉斯把这种转移注意力的方法恰当地称之为"**炒蛋操控**"(有意混淆问题与印象)。当谈判者被要求解释或提供详细支持时,他会以事实会为自己说话而没有必要为由予以回绝(或许这暗示其他谈判者是因为傻所以才不理解)。

还有一种伎俩是所谓的"**木腿**"伎俩。在这种伎俩中,谈判者会通过论证存在某种限制而为拒绝合理提议或立场找借口,否则,谈判者将不对当下情势负责("你对一个装有义肢的人还能有何期待呢?")。在劳资谈判中就会运用这种技巧。例如,工会有时会声称缺乏人力财力准备谈判(工会的"木腿"),并以此为据宣称自己无法直接对抗某种证据确凿并且准备充分的管理报告。

与"木腿"伎俩紧密相关的是"**棘手客户**"。在这种伎俩中,律师会宣称他理解对方立场并愿意满足其显性的合理要求,只可惜客户不可能让他这么做。在劳资谈判中,谈判者可能会将责任推给"一伙盘踞在工会大厅中桀骜不驯的暴徒"或是现在未能接受提议的高管。

当一方虽然看上去是在与对方努力寻求解决，但却想尽办法嘲讽所有提出的解决方案时，**婉拒**伎俩则会发生。在这种情况下，真正目的是通过贬损所有解决方案而给予否定性打击。

粗暴行为的目的是为了令对方感觉不适。它与"社会不可接受的行为"形式有关，其用于促发对方不适，从而令对方做出妥协而避免这种行为。

通常，当对方努力阐述观点论证立场，或是不断重申观点时，会发生**无聊**伎俩。谈判者主要通过身体语言传达出这一信息：那些要点根本毫无影响。

有时，**"有趣的钱"**会用于令一个重大决定看上去无关紧要。这种伎俩把金钱上的微小增量与时间上的微小增量联系起来（例如，产品寿命期间每天仅花 1 美元）。这种伎俩更复杂的例子包括未来所支付的金钱，例如，延期支付、高风险债券、可转让票据、股票期权、激励奖金。

"转移话题"也是一种伎俩或战术。这种伎俩可能发生的一个警示标识是，谈判在无关紧要的问题上停滞不前，而对方坚称只有解决了这些问题谈判才能继续。更确切地说，当对方既纠缠细枝末节（转移话题）且难有进展，又不在重要问题上让步时，这种伎俩就在发生。

在《像专家那样谈判》（*Negotiate Like the Pros*）中，多伦指出，转移话题常常针对的是"那些极端情绪化"且对获得谈判筹码"没有任何实质意义的议题"。它还可以用于拖延战术，而令"谈判者在情况发生改变或是实力对比倾向一方之前只能在细枝末节上停滞不前。"它还可以释放"烟幕弹"的方式起作用，而让你错过重要信息。

228

229

另外一种伎俩是"**叫板**"，它在劳资谈判中颇受青睐。在这种伎俩中，一旦赢得某一妥协，胜方旋即主张对方妥协的事项本来就不是真正重要的事项，而忽略妥协前所赋予该事项的优先地位。

为了破解这些伎俩，有一些可供考虑的方法。其一，"准备"是避免被置于小孩或受害者地位的一种关键方法。准备赋予谈判者以工具，将谈判定向于对事实或可能解决的讨论之上。其二，伎俩要求至少有两人参与，并且是要合力完成（给予"负面打击"或"镇压"），而谈判者是可以拒绝合作的。其三，要伎俩是互有往来的。要破解伎俩，谈判者就要抵制强迫或压制对方的诱惑。其四，通常，忽视对方行为而专注于问题本身是一种不错的回应。其五，沉默是金。其六，你可以径直点出伎俩的名称（例如，"我可不会被你的花言巧语骗到"等）。这种方法对于其他的"非伎俩策略"同样适用。例如，把某一要约称之为"廉价"要约并补充"锚定战术可没什么效果"或是"别装红脸了，黑脸我也不怕""用这些攻击性评论引诱我可没效"等。其七，当某些伎俩提供有用信息时（例如，"以牙还牙"会导致"冤冤相报何时了"），将其识别出来。

四、视觉辅助

230

视觉辅助，是将案件高效呈现给法官或陪审团的一个重要部分，此点对法律谈判同样适用。视觉辅助包括：诸如事故现场或损害情况的相片，诸如警察书面报告这样的公文复印件、解剖图、X光正片、模型、病例和检查报告、医生开具的伤情诊断证明、雇主开具的工作习惯和工资损失证明、图标、地图、图解、幻灯片、活动挂图、电脑动漫以及其他陈列品。

恰当灵活地运用视觉辅助，能以言辞描述常常无法企及的方式，助力于说服、影响对方及其律师并加深他们的理解。即便他们本身没被说服，但视觉辅助也可能有助于他们构想法官或陪审团将要如何对案件做出的反应。视觉辅助还为案件提供佐证，它有助于谈判者树立准备充分的形象，并在对抗型谈判中为诉求提供了合理光环。

五、和解小册子

和解小册子以叙述可读的方式呈现了案件的完整历史。通常，这些小册子包括视觉辅助，并就案件各个方面提供系统性的文本展示。很多评论者建议，要像读杂志或是看纪录片——更像是一部讲故事的好看电影——那样去理解和解小册子。和解小册子在人身损害赔偿案中运用较为普遍，但也没有必要仅将其限制在此类案件中。在准备小册子的过程中，常会对谈判者的信心和准备状态有所加强。它还有助于营造出"正当性光环"。　231

虽然和解小册子的具体内容取决于案件情势与诉求性质，但如下事项一般建议要包含在人身损害案件和解的小册子中：

（1）事实陈述，包括客户的个人履历、损害情况、治疗康复情况。

（2）诉求。

（3）原告陈述。

（4）原告履历。

（5）被告履历。

（6）证人宣誓汇总。

（7）与责任相关的示意证据。

（8）庭审概况汇总。

（9）治疗概况汇总。

（10）展示品，包括文件、相片、医疗报告、文书、图表、科学辅助以及其他类似展示品。

（11）陪审团指引。

（12）同这类案件与损害相关的本地或全国性的陪审团裁定。

（13）赔偿的列举汇总（附有医疗或住院账单以及其他过往花费或未来花费的列举事项）。

232　　（14）住院记录和病例。

（15）证明损害的相片，包括特定损伤、疤痕、脱落、X光正片以及其他医疗事项。

（16）原告受损前的相片，包括其参加体育活动和社会活动的相片。

（17）证人陈述。

（18）警方报告。

（19）客户报税表拷贝（相关时提供）。

（20）客户的雇主、主治医生或咨询医生以及同事的陈述。

（21）基于要点、权威性资料以及论证所形成的关于责任的简要测定。

包含在和解小册子中的事项应当有索引或目录。如果采用对抗策略，一般还建议对损害的每个部分进行特定估价，而不是对整个案件进行总估价。

在时间上，小册子通常在所有事实大体弄清、损害已经稳定的情况下提出。说明书和介绍可用于为小册子的使用设定条件：要求使用后归还小册子，不可作证据使用。和解小册子还可以附上保单限额的要求信。

六、利用客户

尽管视觉辅助与和解小册子一般挺有用，但也可能无法充分展示损害性质以及对特定客户的影响。有时，原告本人也能使得案件焕发生机，特别是在与保险估算人进行谈判时。确实，很多处理人

233

身损害案件的律师都认为，原告本身就是"律师最好的示意证据"。将客户带到谈判现场，其他谈判者可以亲身感觉有形损害的范围及影响。它还令可以使其他谈判者亲自了解原告。很明显，客户必须对这样的会面有所准备，陈述也要有所计划。此外，它还给原告一些应对对方诉讼的宝贵经验。

第四节　谈判期间的交往、信息交换与战术

谈判依赖人际交往，否则，谈判无异于赌博或纯粹的要约交换。高效法律谈判者的一个重要任务是将信息传达给对方。威廉姆斯教授认为，在对抗型谈判中，在某种程度上，传达信息的目的是令对方觉得并相信：①谈判者对本案拥有极高预期；②谈判者能可靠地支持这些预期并有可能获得很好的结果；③如果要解决案件，对方必须做出实质让步；④做出那些让步将令其实现最佳利益。

234

高效法律谈判者的另外一个重要任务是从对方身上获取信息并加以评估。这一能力直接取决于交往技巧。善于洞悉对手的线索，可以获取对手在需求、立场和忧虑方面的必要信息。正如前文所述，威廉姆斯教授发现，高效法律谈判者是讲理的、善于分析的、务实理性的。通过交往，他们可从对手那里接受信息，并有能力评估案件的优劣势从而做出恰当判断。在问题解决语境下，他们有能力评估当事人的需求和关注，并传达问题解决方案。

一、不善沟通的影响

当信息交换看上去不充分或扭曲时，研究者已经发现，这常常是因为谈判者缺乏识别共同利益的充分基础。此外，普遍认为，沟通隔绝会对合作发展施加限制并很可能促进不信任。例如，过度谨慎的行为可能会被对方谈判者误读为鼓励反抗的方式，并反过来被

235　误读为胁迫行为。讽刺的是，这种胁迫行为会强化之前由最初谨慎所激起的怀疑。

　　此外，当当事人或其代理人拥有极为不同的价值或信念时，从"**确认偏见**"中获得启发会进一步损害沟通。一方或者双方都可能陷入这样的心理陷阱：对于与其既有欲望或信念一致的信息给予明显过多的确信，而无意识地轻视对方传达的质疑或反驳那些欲望或信念的其他信息。同时，沟通可能会被扭曲或是伴随着"**共识错误**"启发。这种无意识倾向，错误地假定或认为其他人与自己以同样的方式思维，会想其所想、爱其所爱，或是拥有类似的价值观。

　　文化和语言差异也可能对沟通产生重大影响。特别是在国际商业领域和国际争端中。例如，来自美国的谈判者通常不会有拒绝困难，相比之下，日本谈判者可能说"这不好办"就是在表达同样意思。总之，一些文化是"弱语境的"（倾向直接表达想法），而一些文化是"强语境的"（倾向间接传达信息）。

　　翻译者也可能对沟通造成挑战。即便是极为优秀的翻译者也可能犯错误或是偶尔疏忽造成误解。而某些东西则会有"在翻译中流
236　失"的风险。此外，翻译还会拖慢整个沟通过程。潜藏在说两种不同语言的当事人及其谈判者之后的一个问题是，将何种语言作为最终签署协议的正式语言。有时，当事人会同意将两种语言都指定为协议的共同正式语言。不消说，在一种更为基础性的误解出现在两种不同版本的协议之前，这种办法可以避免一些问题。解决这一潜在问题的办法是指定一种"中立"的第三方语言。

　　即便谈判是以英语进行，同一个英语词语也可能有不同意义或含义。请考虑这个简单的例子。如果谈判者说"公司的订单积压如山"，这是好还是坏呢？英国谈判者可能会对其进行消极解释（"阻塞"或是"堆积"的意义），认为存在不能快速消化客户订单

的问题。然而，美国谈判者很可能认为其具有积极含义，认为这意味着公司拥有大量订单要履行。

二、谈判中的闲谈

谈判者可以通过闲谈获得关于对方当事人、对方谈判者的期限、对方当事人的需求等有价值信息。闲谈与自我对话还有助于建立关系和开启沟通。研究表明，谈判者之间的关系发展，与信任提升、加强合作、加强综合性解决所需要的关键信息共享、减少威胁与最后通牒、较低的僵局风险有关。如果谈判者要发现共同的"团体归属"（例如通读一所法学院）或是共享利益（例如喜欢同样的事——基本上可以是任何事），闲谈也能有所帮助。

在《获得更多》中，戴尔蒙德教授建议对这一方法进行反面运用：试图发现戴尔蒙德所谓的"共同敌人"。戴尔蒙德将这一"工具"视为"无论对陌生人还是有交情的人来说，都是最快且最有效的团结方法"。其背后的理论是，因为共同敌人所形成的团结令人觉得更为亲近。正如他所说，这是针对共同敌人而将双方置入"同一个掩体"的一种方法。敌人几乎可以是任何想法、人、事或团体（只要这是公平的）。想想人们喜欢抱怨什么，是发现共同敌人的一个好办法。

然而，当试图通过闲谈了解对方谈判者时，普遍建议，如果你事先不知道你们是否在宗教、政治、食物、穿着或其他个人偏好事项这些范畴中拥有共同的归属、兴趣或敌人，那么你应当小心谨慎地避免谈及这些与谈判无关的话题。否则，你的无心之失可能会激起强烈的负面反应并因此破坏关系和沟通。还要记住，鉴于电邮的性质，要严格限制在电邮谈判中闲谈。你最多只能用恰当的正式度给对方写信、给出附带评论以及表达感谢——例如感谢对方给你寄来附件或是快速回复，从而通过邮件建立某种关系。

237

238

三、倾听

出于以下原因，在谈判会议期间，好的倾听技巧对法律谈判者而言是重要的。其一，倾听是获取信息的基本方法；其二，倾听是识别对方当事人需求和利益的关键；其三，倾听能使谈判者听取观点，而这对评价对方立场很重要；其四，倾听令谈判者反思、释义、并厘清对方立场与论证。这种反思、释义和厘清，很可能让对方更加留意谈判者陈述的内容。

对很多律师而言，倾听并非易事。的确，比起听，很多律师更喜欢说。此外，倾听之所以很难，在于普通人的讲话速度是每分钟120个词左右，而通常来说听的速度是每分钟500词上下。倾听的速率促使人们打断对方讲话（倾向于截断信息流）、跳跃得出结论、思考回应或反驳而不是全神贯注于说话内容。

研究还表明，谈判中的很多困难源自谈判者未能倾听并理解对手的提议或关注。避免这一困难的好办法是，让谈判者重复他们对对手提议或关注的理解。重复对手的立场，常会揭露误读并有助于避免进一步误解。对谈判者而言，通过提出类似"按照我的理解，你是说你客户的主要关注是确保按期交付，对吗？"这样的问题检验其理解是重要的。很明显，如果你不能获得确认，那么你就有必要再次询问直至获得确认。要是你能体现出你已经倾听并理解对方，这会令他们也更愿意倾听。

在倾听时，很多评论家建议谈判者应试图抓住对方使用的关键词。例如，当谈判者运用"顺便提一下"或"在我忘记前"这样的表述引入陈述时，随后陈述的东西通常非常重要，即便对方会很明显地装作漫不经心。类似地，当谈判者以诸如"实话实说吧""平心而论""坦率地说"这类表述引入某一陈述时，或是当谈判者说"我已孤注一掷"这样的话时，结果往往是他们并非诚心诚意

239

或开诚布公。

评论者还建议，谈判者还应听进去一些"关键"词语或短语。240
例如，"本质上""极为可能""基本上""大多数情况下""总之"
以及"一般而言"。这些关键词语和短语以及其他一些词语或短语，
可能会被对方谈判者用来混淆视听。

此外，在识别与强烈敌意、责备甚至暴怒有关的一些正当的情
绪化陈述时，倾听也是关键因素。主动倾听是应对这些情绪的一种
积极方法。妥善处理、积极倾听并不代表达成一致。正如录像带
《从拒绝到肯定：达成一致的建构之路》（From "No" to "Yes"：
The Constructive Route to Agreement）所指出，一方面，积极倾听能够
马上让言者缓和冷静，且更乐于互惠。它还能让言者变得更加理
性、虚心、乐于沟通。另一方面，听到"婉拒"或是对正当的情绪
化陈述直接给予论证回应，会令言者觉得对方没有真正倾听。

假定一位谈判者生气地说道："你要为我们生意上的损失负
责。"而另外一位谈判者回应道："我知道，你觉得你受到了伤害，
觉得我们应对此负责，同时你非常不满。那你有什么公平的解决方
案处理这一实际问题并觉得我们也乐意接受它吗？"在这个例子
中——其由理查德·吉文斯（Richard Givens）在《辩护：陈述诉
求的艺术》（Advocacy：The Art of Pleading a Cause）中给出，谈判
者在某种程度上通过"积极倾听"体现了对对方的尊重。此外，该 241
例还体现出如何承认敌意可以将其转化为谈判优势而非劣势。正如
吉文斯所言："承认谈判中所表达的敌意，而非（反抗）回应，根
据情况，这可能是一种强势的表现。正如蚂蚁再怎么咬也不可能对
犀牛有什么影响。"

最后，一些评论者建议要学习"静观其变"这种调解技巧。这
种技巧可以帮助律师更专注谈判内容，同时更好地识别并亲自处理

好谈判内外所产生的情绪和压力。

四、信息保护

有一些广泛认可的"拦截技术"可以用于拒绝回答对方谈判者的问题。这些技术通常大多用于保护敏感信息。当使用这些技术时，要根据下文所讨论的关于诚信义务和欺诈的法律限制，对其予以仔细考量。反正，这些技术应当谨慎使用于确实必须保障的真正敏感信息之上，以减少无谓的信用损失。

（1）第一种技术是忽略问题然后进入下一问题。在《会见、咨询与谈判：高效代理的技巧》中，巴斯特莱斯和哈勃建议，最好转移到一个很可能是真正有趣的话题。

（2）第二种技术是基于当事人保密特权、商业秘密或其他合理理由，直接宣告问题"超出讨论范围"。

（3）第三种技术是以问题回应对方问题。查尔斯·科瑞夫（Charles Craver）在他的律师继续教育课程中，以下面这一对话阐明了这种方法。如果被问道："你被授权支付 100 000 美元吗？"那么可以回答道："你愿意接受 100 000 美元吗？"杰克教授提供了另外一个例子。如果被问道："你觉得 20 000 美元的报价如何？"那么可以回答道："这是要约吗？"回答可以用来表明可能存在的利益，但却不必然意味达成协议："是付现还是分期付款？"这样一来，谈判者就无需直接回答问题。

巴斯特莱斯和哈勃指出，以问题回应问题之所以有效，在于其不仅回避了问题，而且还阐明了正当的谈判目标。为了更具说服力，他们建议谈判者至少应当计划一个后续问题以应对对手为了探求敏感信息所提出的问题。这种方法很可能可以有效地转移注意力。

一种相关方法是利用幽默化解由特定问题——例如你的保留价

值——所导致的尴尬。马尔霍特拉与巴泽曼在《谈判天才》（*Nego-tiation Genius*）中给出了下面这个例子。为了回答"你对这批货所能接受的底价是多少"这一问题，某人可以说："我认为你已经知道了答案，那就是你愿支付的最高价！"

（4）第四种广泛认可的拦截技术是"缩限回答"或"扩张回答"。这种技术是对特定问题给予一般性回答，而对一般性问题给予限制回答。例如，如果问题很复杂，那么谈判者就可以限制问题，着重回答对自己有利的方面。

（5）与"缩限回答"或"扩张回答"紧密相关的第五种技术是"诚实但不完全回答"。这方面的一个经典例子是这样一个故事。买家为了在美丽的湖边买一小块地而在讲价。在考虑如何开发湖边这块地时，买家问卖家湖里是否有蛇，卖家保证没有。这的确是一个诚实的回答，但完整的回答则应当是"之所以湖里没有蛇，是因为鳄鱼将它们吃光了。"

（6）第六种拦截技术是答非所问。巴斯特莱斯和哈勃建议用以下方法创造新问题。

第一，可以将被问到的问题重新组织以回避披露敏感信息。他们认为，有迹象显示，可以诸如"按照我的理解，你想知道……"或"我非常乐意告诉你……"等介绍性短语做出回应。

第二，可以忽略被问到的问题而直接回答另一问题。为了更加奏效，巴斯特莱斯和哈勃指出，所答问题必须与被问问题"大致相当"。吉文斯在《辩护：陈述诉求的艺术》中提供了关于这种技术的一个好例子。在下面的对话中，假定需要保护的敏感信息与 X 从哪里得到一大笔现金有关。

问题："我得到消息，X 为了买一辆 25 000 美元的小汽车花了好多钱，他必定有一大笔钱。你觉得他的钱是从哪来的？"

回答："你知道，我认为卖车的人也应该颇为震惊。"

问题："我想 X 为了买车肯定严重超支了……"

回答："（打断）看上去肯定是那样的。"

问题："回到 X 身上，他一定觉得有这么多钱在身上非常骄傲，我在想他是否将钱一直带在身边以及他从哪里得到这些钱。"

回答："X 一定觉得能把钱给卖家感觉非常好。"

第三，有时，寻求敏感信息的问题可被再次回答刚被问及的问题所拦截。巴斯特莱斯和哈勃建议，这一技术对于那些"心不在焉、迷失于论文之中或是狂做笔记"的对手而言特别有效。

（7）最后一种技术是你可以推迟提问（或许再也不回到问题上）。马尔霍特拉与巴泽曼在《谈判天才》中对这一拦截技术做了如下阐述："我们可以之后再进行这方面的讨论。一旦我们致力于此，信息泄露时我也不会不悦"或是"要回答你的问题取决于其他许多有待商榷的因素。"

五、传达要约与让步

在《会见、咨询与谈判：高效代理的技巧》中，巴斯特莱斯和哈勃提出了在对抗语境下的三条沟通"规则"。第一，谈判者在传达对抗型要约时，应当**简单明了**（但却完整）以减少对方当事人准备回复的时间，并迫使对方谈判者做出本能回应。

第二，谈判者在传达对抗型要约时，应当**具体**，避免给予范围或是使用"大约"这样"模糊"词以显得并未承诺要约。他们认为，在要约做出后的三到五分钟内，很可能发生缺乏承诺或"失去效用"的情况。

第三，谈判者在传达对抗型要约时，应当对要约的具体数额给予理由而**证成**要约。这一方法可以强化谈判者"承诺"立场的表象。除非另有正当理由提出，破坏了谈判者所明确表达的证成，否则谈判者就可抵制脱离原有立场。巴斯特莱斯和哈勃指出，出于战术理由，谈判者在做出要约后，可以提出正当性理由抛弃原有要约，转向谈判连续统中的另一立场。同样考虑也适用于做出让步时。

在做出要约上，除了这三条"规则"外，还可以补充一条。马尔霍特拉与巴泽曼在《谈判天才》中指出，应当以**集合**方式提出要求。一个全面要求只会让对方承受一次损失，而提出一系列要求之部分则会让对方承担多次损失。

特别是在发出要约时出现数字使用上的"口误"是不合时宜的。口误的一个典型例子是，谈判者知道 45 000 美元的要价是完全被接受的，但谈判者一开始只想开价 40 000 美元。如果 45 000 美元口误说出，那么无论谈判如何快速地撤回这一因疏忽大意导致的口误并将价格改到 40 000 美元，由更高报价所造成的印象将挥之不去。如前所述，谈判者应当特别注意要约是如何被说出的，并应对说出的数额保持高度警惕。

在《谈出优势》中，谢尔指出，如果你在"高风险交易谈判"早期就做出巨大让步，那么你将有传达如下两个信息的风险："（你）急于做成这笔买卖""（你）所让步的问题并不重要"。这些信息将挫伤你的影响力并导致对方贬低让步。换言之，它们没有给你增加"任何分数"。此外，如果你太快放弃某个东西，那么对方对其实际价值的看法或评估在心理上就会减少。"得来容易不懂珍惜"这一谚语体现了这一事实。这一教训是深刻的，我们在规划妥协模式时应当牢记它。

做出要约的模式也可能提供关于和解点的线索。请考虑下面这个由哈利·爱德华兹（Harry Edwards）和詹姆斯·怀特（James White）在《谈判律师》（*The Lawyer as a Negotiator*）中给出的例

247

子。他们设想了这样一种情形：在一个关于租赁价格（每平方英尺）的谈判中，你相信对方谈判者所代表的客户有一个维持谈判的底价。在三个小时的会谈中，要价分别从 2 美元到 1.5 美元，再到 1.25 美元，直至 1.19 美元。根据这一模式，可以估算出下一个要价或最低数额（"底线"或"抵制点"）。然而，从这一模式获得最明显印象是，谈判者正在**接近**那个点。这一结论与经验调查所显示的一致，即通常来说随着谈判的深入，让步幅度会**下降**。当然，关于这一模式的知识也可能产生通过一系列要约导致传达错误信号的可能性。

248　　关于传达要约和让步的最后一个注意事项与传达可变通的事项信息相关。一方面，为了获得信誉，你需要弄清哪些议题和立场是（最为重要且几乎不可动摇的）"蓝筹"，而哪些是可谈判筹码。正如费罗因德在《精明谈判》中所敏锐地解释，为了在蓝筹上保持信誉，"你必须从谈判之初就传达你所赋予它们的重要性并在整个谈判过程中一以贯之。"否则，在谈判后期才执着它们很可能"看上去好像是捏造出来的事后回想。"另一方面，切忌过于贬低可谈判筹码的重要性。否则，放弃它们你可能也几乎或是根本得不到任何信誉。然而，对于那些可变通的问题，你可以传递这种"隐性信号"：你准备以将它们与蓝筹分得一清二楚的方式去谈判。

六、谈判会议中的非言语行为

在谈判中，很多信息可以通过观察非言语行为（包括暴露内情的怪癖和鬼鬼祟祟的表达）获得。例如，恐吓战术的效果就可以通过仔细观察而被修正。相比口头回应，一份就要约或让步做出最初面部反应的细致研究将能揭露更多东西。紧张，可能会通过脸红、强颜欢笑、面部肌肉紧缩、坐立不安以及其他身体活动和特殊习惯体现出来。特别应该强调的是眼神接触、身体姿势和手势。

在美国，眼神接触极有可能是法律谈判中最重要的非言语行 249
为。一般而言，直接的眼神接触是传达诚实、自信以及直率的一种
好方式。它还能让谈判者充分观察到沟通效果。另外，回避直接的
眼神接触则暗示着不确定、虚弱与顺从。观察对方谈判者对提议或
要约的非言语反应，可能可以揭示出关于对方当事人利益或抵制点
的重要洞见。

当谈判者与具有不同文化背景的人谈判时，他应当对非言语
（以及言语）信号的解释格外谨慎。一种东西在某种文化中所意味
的，可能与它在另外一种文化中所意味的相差甚远。虽然这一问题
在跨国谈判中时常发生，但它也可能在任何具有文化差异的语境下
发生。

谈判者应当注意考虑这一可能性，即对方当事人故意给出虚假
的非言语信号。例如，假装愤怒就通常伴随着像"捶桌子"这样虚
假的非言语信号。当对非言语信号存疑或是感到惊讶时，审慎的谈
判者应当通过"实际检验"以作防护。

第五节　回应要约

对要约的回应范围在接受与拒绝之间存在诸多可能性。很多评 250
论者建议，如果一个要约不够好，那应迅速回应。杰克教授建议，
如果要约太离谱，那么律师应当直言不讳以使这一回应被观察和感
觉到。延迟回应这种要约或是没有将回应有感情地传达，会破坏律
师的信誉。"畏缩"或"退避"是剧烈回应的一个例子。这种战术
就是对其他谈判者所言的明显回应，其时常用于要约刚刚给出之
后，以表明之前所说的不可接受或是已被拒绝。

与畏缩或退避紧密相关的是"强迫""怂恿"或"钳制"，其

目的在于让对方谈判者自己抬高价格。关于这种战术的一个典型指示或警示是这样一个陈述，其大意是："噢！你的客户能做的肯定不止于此"或是"你太保守了"。实际上，它们只是在引诱另外一个无需报答的要约。

有评论者建议，实际上，最好的回应是问："你还想要我的客户让步多少?"如果对方说道："很多。"那你就可以回应："好吧，那很多是多少?"这样就避免了对方让你自己提高要价的这个战术奏效。

有时，对要约的回应是"**择优挑选**"的——选择有利项目而拒绝剩下项目。当对方提出全面解决方案时，择优挑选最为常见。为了避免这种情况下的择优挑选，谈判者应当提供"一揽子"解决方案并明确表示对方不能挑三拣四。

251

与提出要约相关的另一种战术是**沉默**。当某人对沉默感到不适时，他会有通过说话"填补空白"的倾向。如果谈判者在得到要约后沉默，对方谈判者可能会部分出于打破沉默的原因而在无意间改善要约。确实，常言道，当沉默用于战术，先打破沉默的人会"吃亏"。

此外，众所周知，不同的文化和个人对沉默的"容忍度"不同。还应记住，沉默可用于不同目的。例如，当日本谈判者在仔细倾听甚至可能还做了笔记之后保持沉默，那这可能是他做出"深思熟虑回应"的一种方式。谈判者的沉默，可能是要约已经获得充分权衡并在谈判者的最终回应中获得"信任和尊重"的一种体现。

"**有限授权**"也可能是应对要约的一种战术。作为战术，有限授权涉及这样一种说法：要约或提议看上去可接受，但它还需要其他人的审查或同意。这种战术的一般目的是在法律上或心理上让对方觉得达成一致而自己却还有拒绝或修正要约的自由，其还可能是上面第一节"红脸黑脸"战术的一个变种。此外，它还可以用于争取思考时间。

　　与之紧密相关的一个战术是"**逐步授权**"。当汽车销售与客户做交易时寻求经理"批准"，类似的情况就会发生。不出意外，除非顾客加价，否则经理不会批准。通过销售人员与经理的共同协作，他们从顾客身上榨取了进一步妥协。

　　另外，要约或提议可能确实必须审查。特别是在与公司谈判时，重要协议一般都要经过董事会（或是其委员会）批准。因为董事们只是定期会面，所以他们通常偏好审议已经谈好的协议。

　　当协议需要通过其他人核准时，评论者建议你问问："你确定将这样建议，是吗？"如果获得对方谈判者的肯定回答，那么他就"结束了"谈判，且更有可能在要约或提议在提交核准时支持它。然而，如果对方谈判者说他们并非如此，那么你就需要回过头来继续谈判。

　　你应当清楚，"被动贬值"启发很有可能会影响你的客户（还有你自己）对要约的反应。要约贬值的发生可能仅仅因为对方做出了提议或让步，特别是在当事人之间缺乏信任或友好关系时。这种情况，还有可能因为要约中曾经提供的选择权现在"唾手可得"而发生。此外，正如一些评论者敏锐地指出，在做出要约或妥协后，总有这样一种感觉：得不到的比现在有的更好。即"篱笆外的草总是比较绿。"实际上，这种贬值令当事人寻求共同基础或创造性解决方案变得更难。

　　此外，有时要约、想法或意见可能因为与实际情况不符或冲突而被拒绝。当发生这种情况时，另外一种所谓"**幼稚的现实主义**"启发可能在起作用。这种偏见源于这样一种"心理陷阱"，即一方或双方假定某人看待世界的方式正是世界真实存在的方式（情况当

252

253

然可能并非如此）。

第六节　向客户传达要约

《律协标准规则》规则 1.4 的附带评论指出，"律师代表客户谈判，应当向客户提供与问题相关的事实，告知客户与对方的沟通情况，并采取合理措施令客户有机会对来自对方当事人的重大要约做出决定。"类似地，评论指出，"律师在接到对方律师给出的民事纠纷和解协议或是刑事案件辩诉交易提议后，除非在与客户进行的先前讨论中已经确定此类提议不可接受，否则律师应当立即将其主要内容通知客户。"此外，评论指出，"即便客户已对律师进行授权，律师仍应保持客户对事态知情。"

《加利福尼亚州职业操守规则》规则 3–510 要求，"在刑事案件中"，律师应当立即传达"对其客户做出的任何要约（无论是书面的还是口头的）的所有条款和条件"。在其他案件中，则必须立即传达"任何对客户做出的书面和解要约的所有数额、条款和条件"。此处"客户"被定义为，包括"有权接受和解要约或辩诉要约的人，或是集团诉讼中的所有指定代表"。虽然在非刑事案件中，规则 3–510 在条款上受限于书面要约，但其评论表明，在规则 3–500 所施加的"合理告知客户事态重要进展"的一般义务下，"重要的"口头和解要约也必须向客户传达。

在传达要约通知时，律师通常会将其记录的建议形式化。例如，霍伍德（Hornwood）和霍林斯沃斯（Hollingsworth）在他们所著的《系统性和解》（*Systematic Settlements*）一书中建议，当想鼓励拒绝要约时，就可采用信函通知客户的办法。先在信中表明律师自身观点："该要约完全不适当"，然后在信中可以这样写："我的义务是向您汇报所有和解要约，我已清晰表明立场，即这封信丝毫不意味我们要赞同此要约。此时，我强烈建议您拒绝此要约并与我立即携手诉讼。"另外，让客户明白诉讼是不确定的，且有确定的东西（和解要约）在手有时可能是最佳选择。客户应被告知和解的好处以及在统计学上大多数案件最终都是庭外和解的。显而易见，咨询的程度和类型取决于律师与客户在此之前所发展的咨询关系。

根据《律协标准规则》规则 1.4 的附带评论，所需沟通是否适当，取决于其中牵涉的建议或所需帮助的类型。作为例证，评论指出，当解释和解提议时，其所有重要条款都应在达成协议前向客户解释。然而，该评论并未指出"一般不要求律师对审判或谈判策略给予详细描述"。评论总结到，指导原则应该是："律师应当秉持客户利益最大化的行动职责，根据客户整体要求确定代表角色，合理满足客户对信息的预期。"

或许，最严重的问题是律师未能令客户知晓案值变化。如果客户在这一演进过程中被排除在外，那么当他们对案件的重要发展以及演化评估毫不知情时，他们自然可能抵制和解要约。因此，除非客户始终知情并与律师共同参与其中，否则在案件之初建立的客户预期就可能是一种和解障碍。

第七节　法律谈判中的真相

通常，律师会在法律谈判中面临真相（以及部分真相）问题。在对抗型谈判中，采取强硬立场的一个重要方面就是不要让自己上当受骗。威廉姆斯教授认为，特别在有压力时，一些合作者有轻信表面情况的倾向。威廉姆斯教授指出，反对者会试图以略微有利于本方的方式刻画案件，而并非总以客观公平的方式讨论案件。

谈判中的真相会引发一系列问题。在何种程度上，你能依靠法律和职业伦理标准迫使对方律师说真话？在法律和伦理上，你允许自己在何种程度上利用对方当事人及其律师的无知或轻信而为你的客户谋取优势？在何种程度上，你会掩盖不利的事实或法律？在何种程度上，你会就客户意图或客户对交易某些特定方面所赋予的价值说谎？你又可能在何种程度上对自己的指示说谎？

257　　本章的后面几节以及第五章的材料，阐述了这些问题以及在第一章第八节自我测试四中所提及的一般情境。有一些规范，在外交和商业世界中受到普遍认可。例如，在《给予与获得：谈判策略与战术的全面指南》(*Give and Take*：*The Complete Guide to Negotiating Strategies and Tactics*) 中，切斯特·卡拉斯说道："虚张声势本就是谈判的一部分，（但商业世界）规则禁止并应当惩罚彻头彻尾的谎言、虚假索赔、行贿对手、通过电子设备窃取机密或是对对手及其家人实施人生威胁。"除了这些外交与商业规范，律师还必须考虑职业伦理和法律的要求。

一、对法律谈判中不诚信的职业防范和法律防治

《律协标准守则》中的纪律规则 7 - 102（A）(5) 规定，律师不应"就法律或事实故意做虚假陈述"。类似地，纪律规则 7 - 102（A）(7) 规定，律师不应当就其明知的"违法或欺诈"行为对客户提供"咨询或帮助"。《律协标准规则》规则 8.4（c）采取了同样立场："律师……参与涉及不诚信、欺骗、欺诈或歪曲事实的行为属于违反职业操守。"标准规则 1.2（d）则规定："律师就其明知属于犯罪或欺诈……的行为，不应建议当事人参与或为其提供帮助。"此外，标准规则 4.1（a）规定，"在代理客户的过程中，律

258　师不应向第三人就重要的事实或法律，故意……做虚假陈述。"标准规则 4.1 子部（b）还施加了"向第三方披露重要事实"的积极

义务，"只要它对避免协助客户实施犯罪或欺诈行为是必要的"，但标准规则1.6禁止披露的**除外**——其禁止披露保密信息。

关于上述**标准规则**条文所规定的谈判律师应当坦率的这个问题，存在激烈争论。由于即席修正案，其最终版本混乱地将披露义务与标准规则1.6，4.1（b）以及8.4（c）基于保护保密信息所导致的限制（信息保密与向对方真实陈述）混为一体。众多评论者的主流观点是，职业伦理规则除了对律师违反刑法、侵权法、合同法提供了附加惩罚——律师纪律——之外，几乎对律师行为没有规制。

欺诈以及其他罪名（例如诈骗偷盗）对某些种类的虚假陈述施加了刑事责任。类似地，**《侵权法重述》（第二版）**［*Restatement（second）of Torts*］第525条就有意禁止对事实、观点、意图或法律所做的虚假陈述。财产损失、合理信赖以及促发信赖之故意，也是满足归责的必需要素。在552（c）节中，**重述**还规定了在销售、租赁、交易谈判中无意误传的责任。然而，其将损害赔偿限制在对实收价值与分离价值的区分之上。在合同法上，**《合同法重述》（第二版）**［*Restatement（Second）of Contracts*］第164节认可，如果有意歪曲或无意误传是欺骗性或实质性的，则可以得到救济。

律师在应对肯定性谎言与误导性陈述时面临的主要困难在于区分不可诉的吹嘘与可诉的歪曲。在销售时，法律承认一定程度的不精确的销售交谈是允许的。这类吹嘘会被视为卖方立场的表达，买家会估计到其中的不可靠成分，理性之人也不会完全对其表示信赖。因此，在某些交易谈判中，律师可能在这种吹嘘"特权"的保障下，就评估、预测以及客户意图做出不可信的陈述。

正如吹嘘是被允许的，律师在和解时对"事实"进行某种程度上不精确的选择性或扭曲性操控也是允许的。通常，这种操控会发

259

生在对客户立场优势与弱势的讨论之中。有时，这种方法被称为"以最有利的方式表达事实"。有时，这种方法还会伴以假设性陈述（"如果我告诉你……你会怎么回应？"）。

在美国，大家普遍接受，当谈及谈判者的和解授权、客户的真正利益或是"底线"时，要求绝对诚实并非主流规范。例如，在谈及需求时，谈判者就可能一口咬定其客户不会在低于某一特定价格的情况下做出和解，然而，真实情况则是客户完全能接受一个远低于上述价格的价格。这种方法，基于其并未对某种争议"事实"进行虚假陈述，因此它被视为是正当的。然而，应当意识到，在美国之外的律师可能对什么是可接受的持有不同观点。

当然，高效的谈判者应当留意欺骗迹象。在《马基雅维利是对的吗：谈判中的欺骗与防御性自助的艺术》（*Was Machiavelli Right? Lying in Negotiation and the Art of Defensive Self-Help*）一文中，彼得·雷利（Peter Reilly）特别建议谈判者：①与其他谈判者发展关系有助于放松对手戒备；②定位并规避对方布局；③留意那些与你具有长期关系（即偏离"底线"）的谈判者的行为变化；④对与重大问题结论紧密相关的问题做出"明确提问"："是不是有什么东西你知道我却不知道，你是否现在有必要向我披露它？"

合同语言的使用也可能对揭露谎言、真假混同的陈述以及重要遗漏施加压力。如果虚假陈述或关键性遗漏之后被发现，那么与法律提供的一般保护相比，它提供了更大程度的法律保护或救济。这类条款的例子是标准保证或陈述。你还可以加入一些更为一般性的条款，例如："卖家在销售时已经彻底披露他所知道的所有对财产市场价值具有实质影响的事实。"

如果客户有特别关注点，特别是那些影响客户决定是否进行交易以及他方已经买有特定保险的事项，那么检验这些保险以保障客

260

261

户的一个好方法是将它们作为特殊条款写入协议之中。如果事后证明保险是虚构的，那么这一条款可为客户提供撤销交易或是违约赔偿的选择权。

总之，法律与职业伦理标准只限制那些明目张胆的误导。在法律谈判中，对于对方所作陈述，存在足够大的灰色空间应当高度注意。你还应意识到，当对方正在运用拦截技术回避问题时，那就是体现欺骗的最明显迹象。轻信对方话语或是未能察觉欺骗，会导致客户不满，在这之后，还会产生运用实质法律规则的复杂化问题以及本应最好避免证明的潜在问题。另外，如果在作出（暗示）虚假陈述或误解陈述上走得太远，则可能发生谈判者自身信誉折损的风险。

二、对受托人、承保人、公诉人等所施加的特殊义务

法律对进行法律谈判的受托人、承包人、公诉人等施加了特殊义务。如第一章第四节所述，劳资双方在谈判时负有诚信义务。此外，当事双方具有信托关系时——例如委托与代理或是受托人与受益人，"诚信"义务以及"对所有重要事实进行彻底和公平披露"也广受认可。此外，这些关系还被扩展到某些其他种类的关系上，例如保证人资格、保险、合伙以及联合经营。

《联邦诚实信贷法》（*The Federal Truth in Lending Act*）要求债权人在消费信贷谈判中应当做出"有意义的信息披露"。其他的一些法律也施加了彻底披露的义务。例如，证券公开发行就要彻底披露信息。类似地，很多州的法律也对房产经销商施加了披露其所售房屋所有已知缺陷与其他"问题"的义务。正如在里德诉金案（*Reed v. King*，1983）中（其要求不动产经销商和经纪人向一位老年单身买家披露待售房屋曾发生过多起杀人案件），这种义务可能会被作广义解释。

　　一些州则对承保人施加了尽力达成和解的诚信谈判义务。例如，在《加利福尼亚州保险法案》（*California Insurance Code*）790节03（h）中，谴责了众多不公平的和解实践，并规定了惩罚性赔偿救济。例如，在霍多斯诉美国南加州保险公司一案中（*Chodos v. Insurance Co. of North America*，1981），因保险公司违反了790节03（h），200 000美元的惩罚性赔偿就被裁定并不过分。想必，出于惧怕惩罚性赔偿，可能会鼓励更多的讲道德的交易。另外一个诱因则是承保人违反自身承保义务并恶意拒绝在保单限额内达成和解时所造成的超出保单限额的损害赔偿风险。

263

　　《律协标准守则》中的纪律规则7 – 103（A）和（B）以及《律协标准规则》的规则3.8，则为犯罪嫌疑人在与检察官进行谈判时提供了一些限制检察官行为的保护。这些限制的主旨由《律协标准规则》规则3.8规定，其要求在刑事案件中，检察官应当：①"对其明知没有合理理由支持的指控不予起诉"；②向被告及时披露所有"利于否定罪行或是减轻指控的"证据或信息。

　　三、润色案件事实

　　威廉姆斯教授认为，高效谈判者的一个共同特征是，他们都被视为是讲道德、值得信赖和诚实的。要想成为高效谈判者，必须避免被视为说谎者，是不讲道德和不诚实而无法信任的人。如前所述，以最有利的方式刻画案件并为这一概念化做辩护，是在对抗型谈判中建立强势立场的最重要手段。然而，真相却是对谈判者进行案件概念化的外部限制。如果谈判者过于极端，他们会显得不太理性，丧失信誉且看上去不太道德。同样地，高效法律谈判者的一个共同特征是，他们是讲理的、务实的、理性的、善于分析的。保险起见，费什和尤里建议谈判者应当养成复核事实的习惯。

264

四、虚张声势

与过分润色事实紧密相关的是虚张声势。虚张声势是"通过歪曲事实、促发幻觉从而故意哄骗对手"。通常，它与假装弱势（例如，虚构客户对达成协议无能为力）或是假装客户拥有额外优势或资源有关（例如，虚构"我的客户无需与你的客户做生意，因为我的客户拥有大量资源，请自便"）。此外，虚张声势还与威胁有关。然而，虚张声势者自己知道这种威胁永远不会发生（例如，虚构如果客户的要求不被满足，其将与别人做生意）。

如果谈判者被发现吹嘘，那么他将显得阴险狡诈。此外，如果是对事实进行吹嘘，那么谈判者会看起来是一个说谎者。威廉姆斯教授认为，最好不要虚张声势从而避免留下所有上述印象。

如果虚张声势半途而废，除了损害某人信誉外，詹姆斯·费罗因德在《精明谈判》中还指出了另外一种风险。结果可能是对方**相信**了吹嘘但却不愿意满足其要求。这时，对方可能直接决定寻求另外一种选择而丝毫不给吹嘘者修正的机会。费罗因德给了这样一个例子阐述这一风险。一位买家吹嘘他愿意支付某处土地的"最高价格"，这位买家"有可能第二天醒来就发现土地已被第三方以更高的且他本来也愿意支付的价格买走"。因此，费罗因德贴切地断言："吹嘘者**成功地**令人害怕，但他也有吹破牛皮的时候，这会使得……吹嘘的风险一般来说是不可接受的。"

尽管有一些理由反对虚张声势，但费罗因德补充道，如果你要虚张声势，请遵循如下实用建议。将吹嘘留至关键问题并在谈判结束时（而不是在吹嘘被假定为缺乏真实性的谈判之初）使用。此外，利用好的理由支持，以试图使得"吹嘘看上去与你一直所说的一致"。这还有助于将吹嘘与灵活处理某些问题的迹象结合起来，而这是"凸显你坚定立场别具一格的好方法"。

265

最后，费罗因德建议如果你被迫终止吹嘘或是对方虽然相信了你的吹嘘但却不愿意与你达成一致，那么你应当基于"情况有变"而事先计划好逃脱战略，试图挽救交易并"减轻声誉损害"。

266

五、维护讲道德和值得信赖的声誉

正如谈判者是否高效的声誉通常比谈判者本身更重要一样，诚实、值得信赖、正直的声誉也比谈判者本身更重要。即便谈判中的客户彼此不再有生意来往，但律师还是经常要同对方律师或同与对方律师有接触的人打交道。

第八节　胁　迫

为了应对对方操控以及其他各种胁迫性竞争战术，谈判者必须十分留意谈判过程。谈判者必须不断考虑：①对手的策略和模式；②对手正在做什么以及试图做什么。正如前面所述，威廉姆斯教授认为，高效谈判者的一个普遍特征是充分准备（善于洞悉对手给出的线索），另外一个则是自控（对情绪反应不失理智）。

竞争性谈判的潜在走向是通过言辞或行动在心理上针对其他谈判者。在对抗型谈判背景下，其中战术包括高要求、少妥协、夸张、揶揄、胁迫、强硬、谴责。这些战术会给对手造成压力。本质上，这只是为了恐吓对手接受竞争型律师所提要求的一种操纵

267 方法。

在《商海人生——你得不到你应得的，你得到你谈判得来的》（*In Business as in Life—You Don't Get What You Deserve, You Get What You Negotiate*）一书中，切斯特·卡拉斯识别了八种特殊的广义恐吓类型，其旨在打击谈判者对于支持客户立场或利益的自信。这些类型，从微妙的到公然的，大多数与影响力直接相关。

第一，潜在诉讼及其后果（花费、压力、时间等）具有胁迫性。对于客户而言（当然，其对法律谈判者的效果小得多），尤其如此。作为律师，你可以向客户指出在要求信函或谈判中所做的诉讼威胁，鲜有落实。

第二，利用专家可能具有胁迫性。心理学研究表明，以专家身份出现的人具有更强的信誉。卡拉斯观察到，在谈判中，当对方谈判者是专家或在利用专家时，其他谈判者会听得更多，问得更少。同时，对于自己表达的观点会缺乏信心。此外，虽然律师（特别是庭审律师）不会像客户那样受到影响，但专家依然能对法律谈判者施加微妙影响。当对方谈判者是一位公认的法律专家时，尤其如此。正如本章第三节讨论的，所谓专家还可以成为沟通"伎俩"的一种方式。

第三，在谈判中，不断提高筹码可能具有胁迫性。谈判有可能变得与"高赌注"扑克游戏极为类似，其中有可能损益巨大。对方则可能通过提高要求、撤回之前协议或是试图施加日益严重的负面效果，作为诱导协议条款的一种手段。 268

第四，威胁本身可能也具有胁迫性，这将在本章第十一节详细讨论。

第五，对方的社会阶级或地位也可能具有胁迫性。在与富人、当权者、高知或其他社会杰出人才打交道时，可能会诱发过度顺从。卡拉斯建议，对于这种胁迫最好的防御就是充分准备。

第六，"劫持人质"也可能具有胁迫性。在商业语境下，"人质"当然几乎不可能是人，它们可能是财产、货物、现金、秘密、声誉或其他有价值的东西。实际上，除非你给予对方想要的，否则你将无法拿回他们劫走的东西。卡拉斯指出，对付"劫持人质"最好的办法是提前规划。例如，在合同中载入非常重的处罚。为此，第三方托管也被长期使用。

第七，正如本章第一节所讨论的，物理环境可能具有胁迫性。其包括地点、房间温度、座位安排等。对此，卡拉斯的建议是"抵制客随主便的倾向"："如果你没有要求消遣项目，那就不要理它。"你还可以提出一些替代方案，例如将谈判地点改到宾馆会议室，或是自己订餐等。

最后，当对方做出情绪化反应而令你或客户难堪或是造成损害时，可能会具有胁迫性。对此，自然的反应是直面抵抗。卡拉斯指出，当某人开始尖叫或是大声说话时，就会存在相信那个人说得是真话的倾向（当然，可能是这样，也可能并非如此）。

在心理学上，某人的叫喊产生了**失调效应**。就好像小孩在小卖部的结账处，因为父母不给他买近在咫尺的糖果而大声喊叫一样，面对小孩喊叫的初始反应通常是给他想要的东西而令其闭嘴。这种情况同样会在谈判中发生。卡拉斯主张，应对情绪化、尴尬或恼人行为的最好方法是"沉着冷静"。

如果你自己情绪失控，那么谈判很可能退化为毫无成效的争论。确实，正如卡拉斯指出，在这种情况下仍能沉着应对的人，很可能"会受到那些最初叫嚣的人的尊重"。此外，这还将令你的怀疑收益颇丰，因为很多律师（与客户）是很好的演员。例如，戴尔蒙德在《获得更多》中描述了他在法院门外看到的两位律师及其客户。其中一位律师"长篇大论"地叫喊着，另外一位律师及其客户则站在一旁倾听。最后，律师低声回应道："很好的尝试。"而这"完全摧毁了律师爆发的作用"。

当对方谈判者（或是客户）情绪激动时，卡拉斯建议采取几种措施：其一，试图重述对方评论以体现你已经理解了对方观点；其二，试图将讨论转入到事实、细节、需求之上，而非情感、模糊主张以及笼统表述上。坚持"无声外交"会令对方更难保持不安或亢奋。此外，这还是做出上文述及的无偿让步以及采取第三章第四节论及的情感性策略步骤的一个机会。

如果这些战术能够在对抗背景下得到有效使用，胁迫和竞争性模式将令对方谈判者对自身及其案件失去信心、降低预期，并接受比其原来所能接受的更次和解。让对方当事人感觉到强硬，这一效果对竞争型模式之成功至关重要。然而，如果施压过多，谈判陷入僵局而失败，和解的好处亦将随之失去。

某些评论家认为，当正式的姓名称谓（先生/夫人/小姐）发生变化时，则可能是转入竞争性战术的一个警示。这种称谓上的变化可能有意无意地帮助谈判者以一种更利于攻击的方式将谈判互动去人格化。

一般来说，要应对竞争性战术，谈判者必须首先识别出何为胁迫、操控、吹嘘或诱骗。此外，谈判者还必须保持自控。在《拒绝突破：与难应付的人谈判》（Getting Past No：Negotiating with Difficult People）中，尤里将其称为"去阳台转转"。尤里还建议，可以"通过点破伎俩而延缓应对"。当然，其要点并非激怒某人或是予以报复。

某些特定种类的陈述会攻击谈判者或对方当事人，与之相关的胁迫具有特殊重要性。这类胁迫包括贬损性评论、具有操作性内涵的陈述或是关于道德败坏或过失的断言。然而，高效的竞争型谈判者运用胁迫，要非常注意直接针对对方客户（而非对方律师）的胁迫性言辞表述。这样一来，谈判者就避免了直接攻击对方律师的自尊与面子。

利用胁迫的直接效果（造成紧张、不信任和敌对）是扭曲了当事人之间的交往。人们发现，当人们在不信任和有压力的情况下沟

271

通时，他们会倾向于既夸大一致，又夸大分歧。此外，在夸大一致方面，竞争型谈判者会倾向认为对手比实际情形更愿达成一致。

272　　当有胁迫迹象时，威廉姆斯教授建议谈判者必须作出回应。其中一种回应方法是作出及时的压迫性反驳——谈判者以反驳和反论证回应进攻型战术。如果谈判者没有作出这种反驳，威廉姆斯教授则建议用另外一种方法对抗这种战术：以发问的方式直接重复那些具有胁迫性、操纵性、吹嘘式或诱骗式的陈述以作回应。重复会揭示出这种攻击是愚蠢、幼稚且不理性的。通过展示攻击者所言之荒谬与其对抗，还能将解释负担转移给攻击者，令他不得不为自己的陈述辩护，或是将其撤回并重提更为合理的陈述。

　　总之，威廉姆斯教授建议，对这类胁迫的基本防御是识别攻击并以如下方式回应：①要么直接与之针锋相对；②要么直接将对手刚刚说过的话（一字不差或经过重释）以问句形式重复。这种方法体现了胁迫并不奏效。此外，谈判者还将展示其强大的防御能力。

　　还有一些针对胁迫战术的其他防御能直接帮助谈判者。一种是树立良好的自我形象。对谈判者自身目标予以高承诺也有帮助。还有一种防御则是有限授权。当然客户只给予谈判者有限授权时，对273　方谈判者希望通过胁迫所设法获得的立场变化必然也会受到限制。

　　费什和尤里认为，另外一种可能性是利用沉默表明自身并无意愿接受不合理行为，并在谈到被攻击问题时将其改变，从而"回避"攻击。你可以通过问问题的方式而不是利用自身立场或是类似反击行为实现此点。在《达成一致》中，费什和尤里将这种方法称之为"谈判柔术"，这是一种"移转攻击"而非直面敌人的武术技巧。

　　威廉姆斯教授指出，在法律谈判中，女性谈判者有时会经历男性谈判者的贬损性评论，或是与其性别有关的具有操控意义的评论。在法律领域外，有很多经验研究关注谈判者性别对谈判以及谈判者行为的影响。这些研究形成了颇为庞杂且彼此冲突的诸多结果。

威廉姆斯教授认为，看上去可以预见，无论对手性别，采用竞争型谈判模式的律师都会利用某种形式的胁迫。因为他们非常强调自身与对手的差异，而性别只是一个非常明显的具有感情色彩的差异，所以性别会给他们提供一个额外的攻击议题基础。因此，威廉姆斯教授断言，仅仅因为性别，就不应鼓励或迫使女性律师使用胁迫。这类胁迫应当与处理其他任何形式的胁迫一样去应对。

274

法律领域外的经验研究还表明，在谈判中，谈判者倾向于同与其具有同样种族的对手加强合作。与性别差异一样，种族差异也可能被用作胁迫基础。此外，笑话或是某些日常的无心话语则可能被不同种族或民族的谈判者视为冒犯，并导致不必要的关系紧张。

年龄差异也可能影响谈判并为胁迫提供基础。在法律语境下，年龄差异可能与权威、经验和专长的定位有关。例如，某些律师在与一些非常知名或是通过长时间锻炼获得高超技艺的人谈判时，就可能会感到不适。一般而言，这些差异可以通过充分准备以及牢记双方律师都只是为各自客户效力而克服。然而，这些差异并不要求对这些专家、谈判老手或是其他权威给予超出通常礼仪标准的特殊顺从。

无论如何，坚守自身标准非常重要。正如多伦在《像专家那样谈判》中所言，不要让吹嘘者、操纵者以及其他低标准的谈判者"拉低你的水平"。就此而论，多伦鼓励你牢记这一谚语："当与小人战时，虽然你可以同他一样耍手段，但那正是小人喜欢的。"换言之，即便你赢了，你其实也已经输了。

275

第九节　保全面子

保全面子在谈判的大部分过程中会无意识地发生。当谈判者的面子被攻击时会有极大风险。保全面子是建立在这种需求之上，即尽可能地看上去有能力，避免在其他人面前看上去像个傻瓜。因此，保存面子在很大程度上取决于假定对方谈判者具有的地位、威望，以及其他人对他的认同。保全面子是对法律谈判以及谈判者未来关系具有影响的一个重要因素。

谈判研究表明，当涉及保全面子时，谈判者很可能有动机促发旨在保护或修复其荣誉、自尊、名声、地位以及外观强势的行为。这些因素，还会令谈判的有形问题大大复杂化。确实，谈判者常会不惜重本保全面子。

研究者发现，在法律谈判中，对立主要源于两种形式：①观点上的对手；②心存怨恨的对手。观点上的对手与对方谈判者在某一特定问题或替代方案上存在分歧。这种分歧事关观点。观点上的对手会认为案值是 X，而另外一位谈判者则认为案值是 Y。观点上的对手可以利用事实信息在智识层面上解决，而这一情境则为创造性解决提供了最佳机会。综合谈判或是问题解决，允许谈判者根据各自的利益、需求、关注、限制达成解决方案。

另外，心存怨恨的对手则是不喜欢对方谈判者的立场、观点，甚至是谈判者本身的感情用事。这种对手通常认为对方谈判者具有邪恶动机，并通过对此加以谴责而为自己加分。他们不会对逻辑、事实、观点和证据进行回应。**一旦你造就了一位心存怨恨的对手，那将很难改变这种情况。**

因此，大家普遍建议谈判者在谈判过程中应当慎之又慎，避免

276

造就这种对手。不留情面是造就这种对手的一个主要原因，特别是在大庭广众下令对方"没面子"时，这会激起强烈的仇恨情绪和报复。此外，这还会导致与谈判者未来相处关系的紧张。因此，除了不要在公众场合令对方谈判者尴尬、难堪、受辱之外，还建议谈判者应当自控："不要以毒攻毒、不要特立独行、避免判断其他人的行动和动机。"

第十节　移情因素

在与对方谈判者照面之前，人们会根据某些假设行事。人们通常会根据过往经验以及自身性格做出这些假设。事实上，人们会将过往的态度和感情"转移至"他们新碰到的人身上。当那些态度和情感极为强大且几乎毫无意识时，则可能导致非理性行为以及严重的判断错误。

例如，非理性移情因素起作用的一个指征是不可理喻地讨厌对方谈判者。类似地，当对对方谈判者的战术或立场作出过激反应时，也可能是非理性移情因素在起作用。过分关注或钦佩对方谈判者则可能是另外一个指征。另外一个例子是对谈判过分恐惧，以及担忧程度远远超过适合于谈判的客观标准。

意识到移情因素会对自身起作用，是应对它们的第一步。如此一来，谈判者就可能会对对方的反应更为包容，并令其有机会以满意的方式修正或解决它们。

第十一节　威胁与承诺

在技术上，威胁是如果对方不予妥协就对其加以惩罚的一种交往方式。威胁的一个功能是在无法达成协议的情况下改变对方的预期损失。此外，威胁还能传达威胁者的真实（或虚假）偏好和意图。典型的威胁包括：威胁起诉、威胁中断谈判并与他人交易、威胁法庭审判（伴以不确定性和风险）、如果要求不被满足则威胁停工。

有效的威胁会增加使对方立即服从和让步的可能性。在《精明谈判》中，詹姆斯·费罗因德确定了有效威胁的三个基本因素：①威胁"必须令目标者至少在私下感到**担忧**"；②目标者必须相信威胁者"有能力实施威胁"；③目标者必须相信威胁者有不错的机会去**实际实施威胁**。使用威胁会产生对威胁传达者的敌意。然而，在法律谈判中律师所做出的威胁，当然可以看作是一种有效说服的强制方式。

一、越轨威胁的法律保障

法律谈判者面临的困难是，法律在允许某些威胁的同时禁止另一些威胁。其中一个极端是明确允许的威胁。例如，律师秉持善意所做的威胁：除非客户的合法诉求获得满足，否则就要发起民事诉讼。另一个极端则是那些违反刑法的敲诈勒索式的威胁。例如，这些法规一般会覆盖客户通过律师传达的——除非满足赔偿诉求，否则就做出将要向对方当事人实施人身或财产损害的威胁。

同样地，处罚敲诈勒索罪的刑法还会覆盖在法律谈判过程中律师向对方当事人就与谈判主题无关的犯罪指控所做的威胁。因为这种威胁体现出为了在民事诉讼中获胜而对刑法的潜在压迫式使用以及威胁奏效所导致的沉默，所以被认定为违法。此外，根据一般性法规，威胁发起正式诉讼或是将犯罪事实公之于众也是违法的。大多数法规还会覆盖这样一种威胁，即如果将某些可耻的缺陷或秘密曝光，那将导致受害人遭到公众的嘲笑或羞辱。当然，如果被害人事实上有罪或是威胁曝光的缺陷属实，那么他将无所辩护。

　　刑法对敲诈勒索罪规定得最不确定的部分是，除非合理的损害赔偿得到满足，否则律师在威胁曝光对方当事人罪行的路上可以走得很远。如果要求的赔偿范围没有超过实际损失，那一些法院就认定这种情况欠缺必要的"敲诈勒索意图"。在这类情形下，一些法规还提供了特别防御措施。例如，《纽约刑法》（*New York Penal Law*）§135.75 就免除了"合理相信威胁指控为真并且……仅出于迫使或促使被害人就威胁指控之错误予以补偿而采取合理行动的被告"的法律责任。

280

　　然而，在面对那些没有明确要求应有勒索意图的法规时，其他一些法院则会认定威胁者罪名成立。确实，明确授权的重要性，拒绝了威胁者以其相信对方确实欠下钱财，以及债务人确实犯有其曝光罪行的这一辩护。显见，在运用威胁之前，必须查阅可适用的法律。

　　对威胁，除了可能适用敲诈勒索犯罪法规之外，律协《职业责任规范法典》（*Model Code of Professional Responsibility*）纪律规则7 - 105（A）规定律师"不应仅仅为了在民事问题上获得优势而提出、参与提出或威胁提出指控"。某些法域将这一禁令扩展到行政指控或纪律指控之上。纪律规则7 - 105（A）还适用于对某人行为构成犯罪的含蓄暗示。此外，一般而言，一些法院会把纪律规则7 - 105（A）视为针对纯粹尝试行为的禁令——它只要求体现威胁存在，而无论实际上犯罪是否发生或是否达成任何和解。

　　纪律规则7 - 105（A）的最大的不明确之处是限定词"仅仅"。如果律师拥有某种"复合"动机是否违反这一规定呢？一些裁决认定，即便律师是出于在民事诉讼上获利之外的其他动机，也构成违法。相比之下，另外一些裁决则在实践中严格解释此限定词。例如，

281　在迪卡托上诉案中（*In re Decato*, 1977），一位律师在收到某人的空头支票后，去信威胁要就某人盗取服务之事提出刑事指控。由于此威胁没有伴以任何特定的支付要求，因此汉普郡最高法院认定威胁信不足以表明威胁"仅仅"是为了在民事问题上获得优势而做出。

　　《职业操守标准规则》没有包括与纪律规则 7 - 105（A）等同的禁令。这一遗漏可以根据标准规则其他条文对敲诈勒索、欺诈或其他不文明行为的规定而得到合理说明。在 1992 年的《正式伦理意见》（*Formal Ethics Opinion*）363 号文中，律协的伦理与职业责任常务委员会认定，如果具备以下条件，那么律师就获准以可能提起刑事指控为威胁而在民事方面为客户谋取救济：

　　（1）潜在的刑事指控与民事诉讼有关。

　　（2）民事索赔和刑事索赔所依据的事实和可适用的法律是有根据的。

　　（3）律师并未试图对刑事诉讼施加或暗示不当影响。

　　此外，伦理与职业责任常务委员会认为，律师可以将不提起刑事指控作为与对方达成和解协议的条件，只要和解协议没有违反可适用的法律。

　　然而，尽管有了这些发展，绝大多数州还是以某种方式保留了
282　纪律规则 7 - 105（A）。要么是将它作为某一标准规则的一款，要么将其作为独立条款。在那些法域中，律师必须谨言慎行。例如，2012 年的《伊利诺斯州伦理意见》（*Illinois Ethics Opinion*）01 号就仍然认定，律师不能为了收取因存款不足而退回的支票，就以刑事指控威胁对方。同时，律师应当建议客户不要为了收取款项而以刑事指控作为威胁。

　　在民事领域，威胁发起刑事诉讼则可能像程序滥用那样是一种可诉侵权。类似地，《合同法重述》（第二版）第 175 条、176 条

（1）（b）规定，如果在合同谈判中以刑事检控作为威胁，那么合同有可能基于非法胁迫而无效。

然而，第 176 条（1）（c）甚至走得更远，它认为恶意利用**民事程序**作为威胁是不恰当的，因此同样是无效的。对第 176 条的注释（d）表明，恶意是这样一种信念，即对于所威胁的诉讼程序并无合理基础存在，知道威胁将导致程序滥用或实现要求的代价过高。

《合同法重述》（第二版）第 176 条（2）还认为，"如果威胁所导致的交易并不公平"，且满足如下三个条件之一：①"威胁行为将对受威胁者造成损害，且对威胁者没有明显益处"；②"威胁之所以能够大幅提升促成合意的效果在于威胁者此前进行的不公平交易"；③"所威胁事项本来就是出于不正当目的所进行的权力滥用"。那么威胁是不正确的。

从这些重述条款中，我们可以得到的教训是：法院会干涉极端情形。其中关键是谈判实力的巨大差异。例如，在詹姆斯顿农用电梯公司诉通用磨坊公司一案中（*Jamestown Farmers Elevator, Inc. v. General Mills, Inc.*，1997），第八巡回法院就认定小型谷物经销商所遭到的威胁——除非该公司向通用磨坊公司提供谷物，否则后者将发起监管诉讼，吊销谷物经销商的营业执照从而摧毁之——是不当胁迫。

二、威胁对谈判的影响

关于谈判的研究表明，当威胁者对其他人的福利漠不关心且谈判者相信对方也对自身利益同样如此时，则很可能发生威胁。当这些条件得到满足，胁迫很可能会起作用，或至少无损威胁者的立场。

关于谈判的研究还表明，当双方都没有实施威胁时，最易达成

283

协议。当一方谈判者实施威胁后，要想达成协议则难很多。正如强硬立场以及像"不许讨价还价"这样的战术。利用威胁也会大大提高僵局的可能性。

284　　三、传达威胁与承诺

应当区分威胁（承诺有所行动）与警告（如果不让步则会采取不利行动的预测）。因此，可以通过把威胁行为称为警告而对其软化。这种刻画可以缓解对方内心遭到威胁并捍卫荣誉的需求。确实，对于每一个威胁，高效谈判者都会小心翼翼地说它不是威胁。

在《获得更多》中，戴尔蒙德教授建议通过"协同"软化威胁。例如，假定卖家与一位顾客之间存在长期关系，但是，卖家的竞争者现在提供了更低的售价。戴尔蒙德建议，此时不要直接威胁卖家自己要改变交易对象，而是先给卖家情感补偿，告诉卖家客户（买家）真的非常喜欢他们，但是现在竞争者的确提供了更高价值。于是你可以补充道："我们真想继续和你做生意，我们应该这么办？"戴尔蒙德总结道："通过重述，将问题**丢给**他们，那基本上你就已经安抚了对方情绪并能得到更好的结果。"潜在的威胁同样如此，但是，你可以通过表明对其非常看重而将它变成一个有待共同解决的问题。

在这一意义上，承诺与威胁是相互关联的：有效承诺的反面意味着未能回报对方。然而，做出承诺存在一个一般性问题，那就是
285　如果承诺过于夸大，那它们可能会被认为是贿赂。另外，可信的承诺则易令人对承诺传达者另眼相看。

不管是威胁还是承诺，其潜在影响皆取决于谈判者在未来实施承诺或威胁行为的可信度。显见，对过往承诺的实际履行（无论是承诺还是威胁）对于可信度至关重要。如果客户或谈判者被发现是在说谎、吹嘘或是不忠于过往承诺，那么未来行动的威胁性就会降低。

第十二节　冲突升级、困境和"沉淀成本"

双方之间的威胁、反威胁以及艰苦的谈判，会促使所谓的"冲突升级和困境"。普鲁伊特和鲁宾认为，冲突不断升级会导致谈判者之间的关系恶化、产生负面影响，并激发打败对手的求胜欲。这样一来，沟通乃至做出一点点让步的意愿将会缩减。谈判者还会将对方仅仅视为一个类别中的成员而非一个真实的个人。

"困境"被视为是冲突升级的一种特别形式。当当事人致力于追寻特定目标时，为了实现目标，他们会不甚理性地投入过多的时间和资源。关于此点，一个经典的例子是拍卖中的"竞购战"：出价人彼此不断将价格抬至不切实际的水平。普鲁伊特和鲁宾解释道，当诸方当事人相信目标"近在眼前"的时候，这种困境就有可能发生。

当当事人觉得已经投入巨大而现在放弃过于可惜时，他们也会陷入困境。保全面子可能也是考量此点的一个因素。查尔斯·科瑞夫在《高效谈判和和解》（*Effective Negotiation and Settlement*）中敏锐地指出，谈判者"决不应当在一个注定无法成功达成一致的事情上，仅仅因为花费了大量时间和资源就继续谈判。特别是当持续互动已经转为惩罚不听话对手的意气之争时，情况尤其如此"。

为了避免困境，普鲁伊特和鲁宾建议在谈判之前就设好限制。仔细评估成本并对其进行周期性复核是防止困境发生的另外一种保障。巴斯特莱斯和哈勃认为，妥协是打破谈判困境的另外一种方法。

与之紧密相关的一个问题是"沉淀成本"，其可定义为为了达致协议或和解所耗费的时间、金钱和努力。沉淀成本可能会产生扭曲决策的影响。理性地看，是否继续谈判、达成交易或是放弃谈判，都应根据未来后果和当下的替代方案去判断。

286

例如，鉴于对当下不利审判结果和未来诉讼成本的考量——即便和解不能完全弥补当事人的沉淀成本，当存在理性方法可以在那时为当事人的合理实际所得提供支持时，谈判者同样可能更卖力地谈判，或是甘冒风险，从而为了避免"损失"沉淀成本而拒绝和解。同样地，即便存在更好的替代方案，谈判者也可能继续谈判而不是另起炉灶。总之，除非放弃沉淀成本弊大于利，否则就应放弃它。当然，客户（及其律师）有时真的难以洞察此点。

第十三节　谈判破裂与重启被搁置的谈判

吉福德教授指出，中断、暂停和破裂，应被预计为谈判动态周期的正常组成部分。中断、暂停和破裂，既可以用于进攻，又可以用于防守。从进攻的角度看，当谈判策略旨在向对方施压时，则可能发生破裂。例如，谈判者可能"离开"谈判会议（或是威胁这么做），并期望对方出于避免僵局而做出妥协。从防守的角度看，吉福德教授注意到，当①情绪氛围不利于本方客户；②出现新的或出乎意料的信息或观点；③谈判者的自身战术未能达到预想效果；④谈判者疲惫或疑惑的时候，谈判者则可能要求中断谈判。此外，当情绪激动时，谈判者也可能要求中断谈判，谋求冷静。

杰克教授认为，在结束一次谈判会议时，应当确定下次会议的时间。如果无法确定具体时间，那么次优的方式是确立定下时间的方法。如果会议结束时两种方法都未采用，那么可能就有必要重启谈判，这一技术能给双方都留有面子。例如，可以援引新信息或是像法官这样的第三方的意见作为重启搁置谈判的根据。另外一种方法是，可以建议引入调停者以帮助谈判继续。然而，这一建议可能被视为弱势的体现。其他评论者则建议，变更谈判者后再重启搁置谈判，不失为一种保全面子的方法。事实上，这样做可能好处多多，因为新谈判者既可能带来新风气，又没有任何情绪包袱。他们可以提出新论证，从而扭转整个讨论性质。此外，新谈判者还可以不考虑之前的妥协。

否则，提出重启谈判可能会导致所谓的"形象损失"。正如吉福德教授指出的那样，关键问题在于这样一种感知，即"在情况没有任何变化的情况下，律师继续谈判的意愿通常意味着谈判者之前的'强势'仅仅是虚张声势，因此，就可以通过对谈判者施压而获得进一步妥协"。

提出重启谈判还可能会被贴上"理屈词穷"或"虚弱的谈判立场"的标签。威廉姆斯教授将这一刻画称之为"老掉牙伎俩"的一个变种。他建议直面这种胁迫战术。谈判者面临这种情况时，应当表明双方律师都知道自己具有代表各自客户、力求实现满意和解的义务，通过谈判达致和解，符合双方当事人的最大利益。吉文斯则建议了另外一种可行之法，其可能将重启谈判重铸成**强势**的体现。下面这两个例子阐述了此点。"我们之所以提出这一和解议题，是因为我们知道在这种情况下你的做法不可能像他们的那样有利于我们"或者"我们之所以提出这一和解议题，是因为我们的立场足够强势，根本不在乎别人将其解释为一种弱势的体现"。

第十四节　应对恼人低效的竞争型谈判者

威廉姆斯教授认为，应当尽力避免个性对案件处理造成重大干扰。同样地，费什和尤里在《达成一致》中则敦促谈判者"就事论事"。然而，个性这种因素在某些情况下可能彻底抹杀理性的和解讨论。确实，经验研究已表明，"无法沟通的对手"构成了某种

实践障碍。正如前面所讨论的，这些律师是低效的竞争型律师。他们恼人死板、心怀敌意、聒噪自负、喜欢争吵、刚愎自用。他们之所以如此行事，是因为他们对事实和法律毫无准备，对于案值并不确定，取而代之的只有虚张声势和口出狂言。

在与这类对手打交道时，每位高效谈判者都有的标志就是自控。正如前文所述，威廉姆斯教授认为谈判者应当采取这样一种立场：只要这种令人讨厌的战术依然持续，那就不与对手谈判。威廉姆斯教授主张，对于这样的对手，不仅不应同意他们试图谈判的意愿，甚至根本不应与其开启谈判。然而，基于如下两个理由，威廉姆斯教授认为有时（甚至经常）与对手接触是有用的：其一，这种接触有助于教训那些对案件毫无准备的对手。无论是要求简洁、礼貌、充满信息量的通话，还是寄送文件复印件、发短信告知事态发展，所有可虑及的借口都应利用。其二，这种接触有助于建立毫无威胁的氛围以及合作邀请。

在这些接触过程中，威廉姆斯教授建议应当给予大量的同情和无偿让步。作为这种模式的一个组成部分，当对方有所准备并愿意严肃谈判时，承诺谈判意愿也是恰当的。同时，应当积极保持诉讼过程的不断推进以表明律师正在为审判做准备，而迫使对方律师也要有所准备。切记，威廉姆斯教授认为，这种对手不仅是低效的谈判者，而且在审判中他们也好不到哪去。

总之，威廉姆斯教授建议，面对这种对手，谈判者应当保持耐心和以智取胜。因为这种对手害怕审判胜于理性谈判，因此结果将使其在最后时刻彻底溃败。对手要么接受长期有效的谈判邀请而就案件进行合理和理性的谈判，要么将案子交给诉讼律师去打官司。无论如何，威廉姆斯教授认为，谈判者都会成功。因为他将控制大局并令对手"缴械投降"。谈判者要么在最后关头获得极为有利的

291

和解，要么则有机会与新的律师一起和解案件或对簿公堂。

　　理查德·吉文斯也持类似立场。他认为，"只有坚定立场才能打败吹嘘"，同时，"有必要用尽一切力量查明是否可能达成协议"。吉文斯建议，对于那些无法沟通的谈判者，防御其吹嘘战术的一种可能的变通之法是径直道出当下发生的事情："如果我站在你的立场上，面对这些困难，我极为可能也会大声喊叫、锤台拍凳、走向极端。因此，我不介意你这么做。请自便吧！我们都知道，这与我们想要实现的实际结果没有任何关系。"如果谈判者拒绝严肃谈判并依然保持镇静，那么"在讨论最后，那个大喊大叫的人将筋疲力尽，而有可能在**真正**谈判开始的时候停止反抗"。

292

第 5 章 达成协议或"最终破裂"、整理细节、起草并解释和解协议以及和解中的公平与缺陷

第一节 时间压力与截止期限

时间压力是快速结束谈判的一个感受性需求。截止期限以及时间压力对谈判有重大影响。研究表明，谈判者感到的时间压力越小，他的个案表现就越好。当双方谈判者都感到时间压力时，做出妥协（采取合作路径）就很可能是一种有益策略。另外，如果丝毫不觉时间压力，那么做出妥协就不太可能有利。研究还表明，当在分阶段进行实验谈判时，不断提升的时间压力会降低双方谈判者的预期与要求水平，并弱化谈判初期的吹嘘倾向。

在谈判过程中，时间压力是有用的：其一，时间压力可以营造294 出紧迫感以促使当事人有所行动，在某种程度上，这源于"稀缺原理"。当当事人因为截止期限而觉得时间所剩不多时，机会就显得弥足珍贵。当事人会基于选择自由受到"威胁"而促成协议达成。其二，时间压力会迫使当事人揭露真实立场，并导致他们重估愿意和解的最低条件。

| 196

时间压力有几个来源。有时，其与工作周的性质有关。例如，很多谈判者会在周五下午晚些时候或是在假期即将开始前做出结论。还有一些情况，时间压力与合同义务紧密相关。例如，大家普遍认为，劳资双方之间的集体谈判存在"最后关头"效应，在合同即将到期之前，协议就会达成。在法律诉讼谈判中，时间压力会因审判迫近而生，这与法律谈判第三阶段（突现与危机）紧密相关。

有时，保险辩护律师会直至开庭前几天（有时是几小时）才真正进入谈判，从而利用审限压迫对方。威廉姆斯教授认为，如果原告律师采取坚定立场而在开庭前一周绝不谈判，那么这种战术将使保险辩护律师得不偿失。这种做法的效果是，令真正有效的截止期限移至审前一周，而这可能有利于某一方或同时有利于双方。

时间期限可以单方设置。例如，谈判者可以运用在房地产谈判或诉讼谈判中使用的"选择权"方法："该要约将在明天早上九点到期。"即便早上九点这个截止期限是谈判者自己设定的（通常是虚构的），对方通常也会认为这类"爆发式"要约是真实的。 295

另外一种单方创造时间压力的方式是令对方相信：想要成功，很可能必须耗费大量的时间。通过不断提出新问题、征求客户指示以及其他类似战术，这种时间压力就会通过拖延谈判的意愿得以传达。最后，时间压力还可通过制造谈判即将破裂的可能性而被单方创造。换言之，就是诱使对方相信和解机会"非常有限且时间即将耗尽"。

当单方创造的时间压力看上去有实际来源而非仅仅源自谈判者时，这对谈判者而言是一个优势。例如，控制谈判议程的谈判者可能会促使谈判会议一直持续到深夜或周末。这种方式就把时间压力给了那些具有个人承诺（家庭或即将到来的旅行）或是其他义务（另一个案件即将开庭）的对手，而没有以同样方式（近期没有工作或旅行计划的未婚谈判者）影响谈判者自己。

296　　当有谈判者宣布其单方创设的截止期限时，对方谈判者应当仔细分析。这个截止期限是真实的还是虚构的？有时，通过查明对方当事人通过设定期限之所得，可以获得关于这个问题的洞见。

第二节　缩小分歧与终结技术

　　在某一时刻，当事方可能面临如下两个问题之一：①不存在可能达成协议的区域（"ZOPA"）；②即便存在这一区域，他们无法就在区域内的"交易点"达成一致。在这样的情况下，他们需要寻求某种创造性解决方法或是利用已被接受的程序性规范，例如折中优化法。有一些特殊技术可用于缩小当事方之间的分歧并终结谈判。

一、"试探气球"

　　"试探气球"是一种探究可能性组合和安排的极好的方法，其为缩小差异并终结谈判提供了基础。试探气球可以开启新的可能性、提供其他方式无法得到的信息、帮助当事人寻求公共基础取得双赢。一般而言，试探气球会以"假设……那会怎样"为开头的问句引入。这类试探气球常常体现了本书第三章第四节所讨论的基于利益将"蛋糕做大"的理念。

297　　例如，卡拉斯在《给予与获得》（*Give and Take*）中提供了以下几个非常好的关于"假设……那会怎样"的例证，买家就可以用于卖家身上：

- "假设我们将订单加倍（或减半），那会怎样？"
- "假设我们给你为期一年的合同，那会怎样？"

- "假设我们不降低（或提高）保证，那会怎样？"
- "假设我们提供原料，那会怎样？"
- "假设我们拥有加工模具，那会怎样？"
- "假设我们不仅仅购买 X，而是购买 X 和 Y，那会怎样？"
- "假设我们让你在淡季工作，那会怎样？"
- "假设我们买下你全部产品，那会怎样？"
- "假设我们提供技术协助，那会怎样？"
- "假设我们改变合同类型，那会怎样？"
- "假设我们这样改变规格，那会怎样？"
- "假设我们提供按进度的分期付款，那会怎样？"等。

卡拉斯认为，与"假设……那会怎样"对应的是"你会考虑吗？"该问题可以作为调查要约或某个"假设……那会怎样"的回应。卡拉斯提供了关于"你会考虑吗"这个问题的例证："你会考虑接受（一种不同级别的）产品、大量交付、备用配件、规格变更……去年的样式吗？"等。

二、折中优化法

折中优化法是一种常用的终结技术。当分歧很小时，运用这种简单的权宜之计最为恰当。然而，当当事人的立场分歧很大时，这种方法容易成为陷阱。因此，很多评论者建议在这种情况下予以抵抗，例如，在《商海人生——你得不到你应得的，你得到你谈判得来的》一书中，切斯特·卡拉斯建议做出如下回应："（我的客户）负担不起，他需要 75% 的差价。"

其他人则指出，折中优化法可能会令谈判者失去发现创造性选项的机会。然而，当当事人之间具有重要关系从而需要"更为柔性的战术"时，这种方法还是非常有用的。

298

三、互助与一揽子交易

当谈判涉及众多事项时，谈判者可能会以一揽子交易的方式终结谈判。如此一来，当事人就能有所取舍并形成彼此都满意的结论。这种方法叫作"互助"。吉福德教授指出，客户往往觉得很难决定他们愿意妥协的事项，因为只有当他们知道对方最看重哪些事项后，这类选择才能做出。他认为，了解这些事项的不同优先顺序，有助于解释在大多数情况下为何谈判会终结。

利用这些不同优先顺序获得优势的一种主要方法是互助技术。
299 "通过超越单方就单一事项让步所实现的等量金额"，共同利益会得到提升。互助解决方法可以通过试错、讨论可能的一揽子交易方案发现。当然，也可以利用像"哪些事项对你而言有较高或较低的优先权？"这样的问题发现。

例如，要就职业体育合同达成协议，权衡通常是关键因素。其包括如下特定范围：

①**担保数额**（如果运动员被球队除名或因伤无法比赛，那么球队通常会支付那些拿低担保的运动员较高工资）。

②**合同期限**（当运动员对谈判者施压要求获得高工资时，可以通过延长合同期限实现）。

③**递延酬劳**（未来支付比立即支付所能节省的花费）。

④**激励奖金**（因可能取得某种结果而获得的酬劳）。

四、客观标准

在《达成一致》中，费什和尤里认为，在解决分歧时，客观标准是可资利用的首选技术。他们认为，任何标准只要是正当并且独立于当事人的，都可运用。正如前面第三章第四节所讨论的，关于客观标准或规范的例子，包括商品或服务的市场价格、重置成本、科学或职业标准、标准性行业惯例或实践。独立专家的客观意见也能发挥同样功能。当运用该技术减少分歧时，费什和尤里建议，可以通过寻求诸如"公平"价格——承认存在几种可能的客观参照点——这样的客观标准去安排议题。

300

五、公平程序

上面所讨论的折中优化法是费什和尤里提出的客观（公平）终结程序的个例。这类程序的其他例子还包括：轮流替换、抛硬币、掷骰子、安排抽签。因为所有当事人拥有"平等的取胜机会"，因此这些程序被认为是公平的。

在第二章第四节第二部分第一小节两姐妹分橙子的例子中。如果她们同意平分橙子，那么由其中一位切橙子，另外一位先做选择，就是一种公平程序。

还有其他类似程序。例如，每方都将"最终"要约提供给独立决策者，而独立决策者的职责仅仅是在它们之间做出选择。后一种方法，有时会在长期供应合同中用于确定工资或价格。在这种情况下，要给客户提建议，就要注意避免**过分乐观自信**的心理陷阱。内尔和巴泽曼通过研究仲裁发现，平均来说，谈判者在其要约能够被接受的概率上会高估15%。

费什和尤里主张，利用公平程序与客观标准有几点好处：其一，可感知的公平程序可能会增加协议的持久性；其二，当当事人对标准表示赞同而非顺从对方立场时，他们可能会觉得更容易达成一致；其三，特别是涉及多重利益或多方当事人时，公平程序和客观标准可以减少观点论证，因此可能会节省时间和精力。

301

六、为对方留"退路"

如果你的对手有所迟疑、对协议产生的好处有所怀疑、因为观点不是他们自己的而勉为其难、需求得不到满足或是害怕"丢面子",尤里则建议为对方"留有退路以便其撤退"。这一概念源于《孙子兵法》。在《拒绝突破:与难应付的人谈判》中,尤里将这种方法描述为"突破"策略的最后一着。尤里建议,在遇到抵制时不要坚持推进,而应反其道行之:牵引对方谈判者走向你希望他去的方向。

为了达成这一目的,尤里敦促你:①慢下来("急事慢做");②吸引他们参与到过程中来;③综合他们的观点;④欢迎建构式批判;⑤通过提问以及自身想象去确定并评估他们未被满足的利益;⑥考虑对方的心理需求和无形需求——不要将其视为"非理性的"而不予考虑;⑦帮助他们保全面子,并将他们所获得的结果描述为"胜利"。所有这些,都会令对方谈判者更容易说"是",并让他们通过你为他们所建构的"退路"。

302

七、最后的努力

当你面临僵局时,评论者还提出了一些关于"最后一着"的尝试,其包括如下:

- 与对方讨论谈判为何会陷入僵局。你希望谈判以"同意"(协议)告终,或是"获得为何无法达成协议的**解释**"。
- 提醒对方你所发现的可以达成一致的议题,并加倍努力地提出某些创造性解决方案。
- 讨论因无法达成一致所导致的利弊。
- 同意重新考虑对方也同意考量的某一特定观点,而你对该观点保有灵活性。
- "停止记录"或"暂时离场",讨论事态,看看当事人能够发现阻碍交易或和解的是什么。

- 同意各自保留不同意见，并提议将讨论事项提交给中立方——其只能在当事人提出的最终要约或最优的要约之间进行选择——决断。

第三节 达成一致或"最终破裂"

303

一方或双方谈判者可能会面临"最终要约"。这时，他们要么达成一致结束谈判，要么会形成僵局和死结。在诉讼中，危机阶段（第三阶段）常是由于大限将至——例如审判或其他事件——而引发。威廉姆斯教授敏锐地观察到，在这一阶段，从来没有可以简单"同意"或"否定"的情形。此时有三种选择：①接受最终要约；②拒绝最终要约从而进入审判；③修正最终要约以使它足以成为一种新的替代方案。

威廉姆斯教授指出，第三种选择通常是成功的关键。它是僵局发生时保全面子的最好方法，并且可能会令对方共同致力于创造性解决。例如，如果当事人对未来损害赔偿的可能性形成僵局，就可以提出这样一种创造性解决方案：就当下损害适度赔偿，并且规定"**附条件条款**"，如果现在尚未确定的损害在未来发生，则给予更多赔偿。

类似地，如果当事人就审判可能形成的结果形成僵局，那么则建议采用"高低协议"，对原告通过审判所能获得的救济创设下限和上限，这可能会比毫无协议要好。附条件条款还可适用于就未来事件所形成的其他众多分歧类型。

其他紧要关头时的创造性解决方案，也可以用于打破僵局。当事人可以采用结构化和解、分期支付、未来商业安排、保密实施协议等措施。同样地，他们可以选定替代性物品、将部分和解价款捐

304

给双方都接受的慈善机构、拟定当事人致歉计划或给予其他种类的"情感支付"、让被告同意采取措施防止今后对他人造成损害或是考虑第三方资源填补空白。

如果当事人无法达成和解，谈判也无法重启，那么就会发生"最终破裂"，案件也就只能通过审判在诉讼语境下解决。评论家们之所以使用这个词，是因为并非所有的谈判破裂都是终局性的。正如前文所述，谈判过程通常是一种拥有众多启停的循环过程。在选定陪审团后或是在陪审团考虑案件时，甚至案件已经上诉，和解同样可能发生。

在交易中，谈判可能以最终破裂的方式结束。罗伯特·萨默斯（Robert Summers）教授在《一般合同法与统一商法典销售条款中的"诚信"》（"*Good Faith*" *in General Contract Law and the Sale Provisions of the Uniform Commercial Code*）中指出，假定之后发现对方谈判者进行的是恶意谈判，那么恶意谈判的受害者也会因为尚未有合同存在而无法基于合同获得救济。

然而，萨默斯教授指出了两种可能存在的与谈判有关的侵权：305 其一，基于对方无真诚订立合同意图所产生的侵权的诉权；其二，在对方产生信赖后因撤回谈判提议所产生的诉权。

第四节　敲定协议

如果当事人达成和解或协议，那他们将进入第二章第六节所讨论的第四阶段。此时，他们会关注：①制定协议细节；②彼此证成并强化客户达成协议的意愿；③签署协议。

一、规划细节

如果当事人达成协议，那么第一步就是规划协议细节。一些律师会以这样一种方式谈判，即在持续的讨论过程中令细节问题保持"生机活力"，这种方法是问题解决策略和综合谈判的一般特征。在这一过程中，会探究寻求每个子议题的替代性解决和创造性解决方案。

相比之下，很多遵循对抗性方法的律师则有只就基本议题——例如金钱——进行谈判的偏好。类似地，像来自法国等其他国家的谈判者则可能喜欢先就"基本原则"达成一致，然后在此原则的指导下处理单个议题。因此，他们会在达成一般协议后，再将其他议题"打包处理"。 306

其他律师还会根据解决的难易程度划分议题，然后以先易后难的方式处理。无论其中运用何种变化组合，即便律师们在某一时刻达成协议，重要细节可能依然还是留待之后制定。

当然，在某些文化中，对合同细节并不特别看重。例如，如果情况发生改变，或是一方当事人要按照最初预期履行协议存在困难，那么很多中国谈判者就可能会期望任何一方自由寻求救济而非纠结合同细节。此时，事关"友谊"而非合同细则。确实，如果你试图用精确的语言描述所有可能发生的偶然之事，他们可能会觉得被冒犯。此时，"关系"最重要。

（一）"哦，顺便说一下"

有些细节制定，会以所谓的"哦，顺便说一下"的方式体现。通常，这些细节对协议的整体质量非常重要。确实，在达成基础协议后，和解的价值也可能随着细节制定发生剧烈变化。在对抗性背景下，高效的谈判者就可以利用对方谈判者的"战斗疲劳"——快速了事的强烈欲望——获得优势。此外，细节制定通常能够为提升双方效益提供机会。因此，应当给予"细节"本身应得的重视。 307

在对方已经给出一个看似很棒的基本要约后，也会用到"哦，顺便说一下"。在你同意之后，你将会听到诸如运输、外费设备等其他附加必要事项的额外费用。当然，总费用通常价值不菲。

（二）"吹毛求疵"

"吹毛求疵"不仅仅关乎细节制定。这一战术，与在谈判即将结束时追求相对较小的利益有关。通常，买家会使用这一战术。评论家建议，专业的谈判者在运用这一战术时可以增加三到五个百分点的附加价值。

在《给予与获得》中，卡拉斯认为，"吹毛求疵"之所以有效，是因为大多数当事人或谈判者"缺乏耐心"。在心理层面上，他们已经"结束了谈判"，并希望转到其他事情上去。此外，他们期望"讨人喜欢、体现自身如何公平……并建立未来关系"。因此，他们"为了实现这些目标就会愿意做出让步"。

防御"吹毛求疵"的一个办法，是将其识别出来并"抵制放弃倾向"。另外一种防御，则是要求回报或给出价格。在《像专家那样谈判》的录影带中，多伦说到，实际上，谈判者应当问吹毛求疵者，"如果我为你那样做，你会愿意为我做什么？"总是提出这类"交易"会令吹毛求疵者知难而退。

最后，其他人建议，如果你知道自己正在与一个吹毛求疵者谈判，那么最好"留一手"，以便在谈判末期可随时放弃。

（三）"回马枪"

就此而论，在协议已经达成并具有法律约束力后，还会发生单方面改动协议的情况，即"回马枪"。事实上，如果运用这一战术，新合同已经替代了原有合同。

在《给予与获得》中，卡拉斯提供了关于"回马枪"的如下例子：一位准买家看到广告后，通过大量谈判令卖家勉强同意了700美元（低于要价）的价格。于是，买家支付了100美元的定金。此时，当事人之间已经存在一个具有法律约束力的合同。隔天，买家带着一张价值 400 美元（少于余款总额）的保兑支票回来，并"大哭大闹地解释到这已是他能筹集到的全部"。那卖家还会"接受这笔交易吗?"卡拉斯认为，"大多数人会"。

在一些国际谈判场合中，应当特别注意"回马枪"。当交易一方希望与使用该战术的另一方维持良好关系、较弱势的一方缺乏不错的替代方案，或是当事人只能与使用该战术的当事人交易时，这种战术通常奏效。

卡拉斯指出，应对这种战术的第一步，是要对"其为何运作以及如何运作具有更深刻的理解"。此外，卡拉斯给出了一些选项。例如：①召开会议换取思考时间；②直接道出对方的"唬人伎俩"（如果真有的话）并"慎重考虑是否应当不再交易"；③"反将一军"。在上面那个汽车的例子中，将一大笔保证金作为定金有助于防止这一战术发生。卡拉斯还建议，谈判者应当尽量让更多的"高端"人士在协议上签字。"合同上的名字越多，对方的（不道德）人士就越难使用'回马枪'。"此外，在签署协议前，你可以直接向对方确认"回马枪"是否将会发生。

卡拉斯总结到，"这些反制措施并非万无一失"。他说到，"使用'回马枪'的人非常清楚地知道他们正在做什么。他们决定蓄意如此是为了提高获胜概率"。在这种情况下，卡拉斯建议，应当对这种战术进行"严格"测试。他认为："你可能会发现'回马枪者'的损失比你更大。"通常，"这种人并不是傻子，而只是一个不值得令其轻易获胜的蛮横赌徒"。

二、证成并强化协议

通常，当有一方首先迫近截止期限，或是感觉对方已经做出了所有可预期的妥协时，看起来就要达成协议了。威廉姆斯教授指

309

310

出，一旦协议达成，那时的心理状态就是"战斗疲劳"。此外，当刚就大部分议题达成协议后，会存在"再三考虑"的倾向（"买家懊悔"或"卖家懊悔"）。突然间，谈判者可能会觉得有比已选方案更优的替代方案。

为了防止再三考虑造成的破坏性影响，威廉姆斯教授敦促谈判者应当让对方对协议感到满意。参与谈判的谈判者和调停者应当帮助证成并强化协议（同时帮助谈判者消除顾虑）。谈判者应当避免表示出自己"占了便宜"（"你损失了不少钱啊"或"我本没想到能从你那'偷鸡'得到这么多钱"）。换言之，谈判者不应得意扬扬。

总之，一旦问题有了解决方案，所有当事方都要在心理上有所强化。高效谈判者不仅仅会对其客户提供心理强化，还会竭尽所能为对方谈判者和当事人提供充分强化。调停者则可以通过道出当事方所做决定是明智而非低能的，从而将妥协合理化。如果没有实施强化，那么谈判者可能会在之后面临对方的抵赖。

311　　三、正式签署协议

协议会在谈判中的某一时刻形成，正式签署的协议文件通常需要事先准备。其中包括，正式合同、结构化和解协议、解除条款、不起诉合约、付款担保、证书或道歉书。

在旷日持久或错综复杂的谈判之后，当事人有时会在准备正式文件之前准备一些简要文档（对此有各种不同叫法，如"意向书""协议备忘录""谅解备忘录"或"框架协议"），从而为当事人大体上达成一致的事项设定基本条款。对于这些文件是否有用，评论家们存在分歧。因为，一般来说这些文件没有法律约束力。一些人则认为，这些文件只不过转移了起草约束力文件的时间；但也有人认为这些文件具有道德义务分量并将其视为"防止再次谈判的廉价保险形式"。

此外，这些文件还会提供某种保障本方有利条款的手段。例如，买家通常喜欢在意向书中插入限制卖家在未形成最终结果——要么最终达成协议，要么放弃交易——前同时与潜在买家谈判的条款。如果卖家对此表示同意，他当然就失去了在草拟阶段中的一些影响力，因此买家此时不必为卖家考虑其他替代方案而担忧。

对于协议草案或其他文件，无论它们是在谈判阶段被当事人所用，还是在协议主要条款已经达成后由某方当事人起草，率先准备 312 制定草案的一方都有重大优势：其一，最初起草者控制了协议形式。其二，最初起草者可以选择对当事人有利的模板条款和语言。正如一位评论者敏锐地指出，"所有模板都不一样"。其三，非起草方负有提出并证成改动的责任。在大多数情况下，几乎没有什么变动是不可放弃的，而且即便变动也鲜有实质。其四，当非起草方要求改动时，起草方可以用改动换取其他让步。

要想成为文件的最初起草者，一个办法是好好注意或是自愿准备协议或其他必要文件的"草稿"。另外一个方法是在谈判会议期间提交协议草案。通常，将协议或其他文件以专业**打印**格式提交对你有利。比起那些不太正式的格式，例如像合同、购买协议、租赁合同这些文件的打印格式，会给人一种看起来不易改动的感觉。打印形式可以通过准备改动附加条款或是以自定义草案替换方式加以抵制。

在准备草案时，谈判者应谨慎对待交易指南手册，此点在交易语境下尤其如此。从以往谈判文件中直接拿来的格式，通常会包含不利于客户的妥协。此外，格式还可能抑制你的创造力，但是，在 313 避免遗漏要点方面，它们则特别有用。正如前面所述，参考对方谈判者在与你处于同样交易或诉讼地位时所起草的倡议书（以及形成的最终协议）也是有用的。这种方法，会为弄清处于类似地位的其他人的最初要求提供洞见。

校对最终协议很重要。错误总有方法悄悄混入文件之中。交叉引用也可能不准确。此外，当起草过程由对方控制时，对方有可能将一些评论家称之为"潜伏者"的东西置入协议之中，这些条款极为重要但却从未讨论或只是"蜻蜓点水"。更糟糕的是，对方还可能（不讲道德地）蓄意将错误置入协议之中，并期望它们不被发现。

警惕是谈判者的格言。正如詹姆斯·费罗因德在《精明谈判》中所表达的，寻求"那些表面看起来无害，但却可能被证明是苛刻或遗漏且必须予以更正的条款。绝不要假定你的对手会为你做事"。另外一个"搅局者"则是因为律师和客户从各自不同角度看问题而未能协调好他们的观点。

四、"和解后的和解"

霍华德·雷法（Howard Raiffa）引入了"和解后的和解"这一术语，用于描述谈判协议能否改进的这一过程。"和解后的和解"会涉及将谈判好的最终协议提交给第三方分析。这样一来，大家做出了寻求共赢的最终努力，但是当事人却不必受第三方建议的约束。假定协议确实可实施，可当事人的谈判协议的最佳替代是提交给第三方的协议，这时，要改进结果就可能要针对谈判结果作出判断。这种方法的最大弊端是，它要求双方协议必须经过"和解后的和解"这一程序，当然，当一方觉得这只是浪费时间和金钱时，它就更成问题。

五、证明和解、合意裁判与有偏袒的驳回

一般而言，妥协协议无需采用书面方式才能有效——除非：①必

须遵守《反欺诈法》(*The Statute of Frauds*);②当地法律要求如此。在某些法域中,如果妥协的标的适用《反欺诈法》,那么可能必须采用书面形式。然而,这一法律仅仅适用于妥协协议而不适用于先前主张。例如,一份要求一方当事人交付房产给另一方当事人的妥协协议,就适用该法。

另外,当纠纷妥协涉及土地所有权时,一方当事人只需交付价款而无需另一方交付土地时,这种情况就不适用《反欺诈法》。此时,妥协协议的标的是支付价款而非交付土地。 **315**

在某些法域中,当地规则和法院程序还会要求用带有签名的书面协议作为证据。当必须采用书面形式时,法院很可能会让当事人严格按此行事。例如,在戴维森诉肯库企业(*Davies v. Canco Enterprises*,1977)一案中,和解协议就因包括了一个未由诸方当事人签名的证明记录而"不具有法律效力"。

把协议当成案情记录的一部分是一种不错的做法。由书记员将在法庭上口头宣读的协议作为庭审记录记录在案,可以满足大多数法院的要求。然而,如果协议是口头要式合同并且法院规则要求其必须采用书面形式,那么即便和解不必采用书面形式,记录下来的口头要式合同也没有法律约束力。

通常,当事人要获得合意裁决,会在法院内庭就让法官签署以此为目的的判决裁定。各州法律一般会规定应当遵守的具体程序。一旦呈请备案,合意裁决就会与经历全部审判过程所达成的裁决一样。合意裁决与普通裁决或合同协议一样,对当事方具有约束力。

对进一步诉讼的有偏袒驳回可能会出现在合意裁判中以增加和 **316** 解协议的终局性。虽然各州程序有所不同,但《联邦民事诉讼法》规则 41(a)已经阐明了这种程序。其要求口头要式合同在法院备案时必须要有所有当事人签名。同时,合同还必须表明对其诉讼是

可偏袒驳回或假定其不涉及实体权利的。

六、法院要求的和解通知

有些法院会要求律师在待决案件和解后立即通知法院。尽管律师没有立即通知法院，和解依然有约束力，但在某些法域中，（例如加利福尼亚州）可能会以干预审判程序为由对律师给予处罚。

七、和解的法院核准

法院可以通过两种方式参与到和解之中并为其提供保障：其一，法院可以参与和解过程；其二，法院会审查未在法院监督下形成的和解的效力。通常，法院的参与机制始于审前会议以及法官主持的和解会议。法庭规程会为审前程序确立框架。例如，《联邦民事诉讼法》规则 16（a）规定，审前会议的一个目的就是"促进案件和解"。规则 16（7）（c）特别规定，审前会议的讨论议题是"利用和解或其他非诉讼程序解决争议的可能性"。

其他一些法庭规程则允许在和解讨论中考虑任何有利于案件解决的事项。一些州还为和解会议提供了独立程序，而地方规则则可能在审前会议的和解讨论地点上做进一步的阐述和澄清。

虽然法官可以在审前会议上鼓励和解，但他却不能强迫当事人这样做。例如，在科特诉斯密斯（*Kothe v. Smith*，1985）案中，有一起针对失职行为提起的诉讼，在该诉讼三周前的审前会议上，地方法院法官命令律师进行和解谈判。法官建议在 20 000 美元至 30 000 美元间达成和解，并威胁即便进入审判案件也会以差不多的数额解决。原告律师向法官表明，原告愿意接受 20 000 美元的数额，但请求法官不要将该数额透露给被告。此前双方沟通后的最低要求是 50 000 美元，而审前的最高要约才 5000 美元。经过一天的审判，案件最后以 20 000 美元达成和解。根据《联邦民事诉讼法》

317

规则 16（f），其允许对未能遵守审前会议命令的做法施加惩罚，因此地方法院法官判罚被告 2400 美元。

第二巡回上诉法院推翻了这一判罚。该法院认为，地方法院对被告所施加的惩罚是滥用自由裁量权。该法院注意到了鼓励和解的政策，但认定地方法院运用的施压战术是不为法律允许的。上诉法院认为，规则 16 并不是"强迫当事人做出非自愿妥协"的工具。上诉法院还认为，仅仅对被告施加惩罚的做法"更是问题重重"。和解是双方之事，而直至庭审第一天得出结论前，被告对于原告愿意以 20 000 美元和解根本无迹可寻。此外，在庭审开始后才施加惩罚也不恰当，因为被告看到原告在法庭上的表现后通常也会改变案件评估。

特别是关于集体诉讼的和解协议，法律会要求法院核准。例如，《联邦民事诉讼法》规则 23（e）规定集体诉讼未经法院核准不得在联邦法院审判期间就诉讼予以撤销或妥协。核准的目的是为了让未参加集团诉讼的成员免于不公正和解。其潜在担忧是，集团诉讼代表可能胆小懦弱，或是为了满足其主张而损害未参加集团诉讼成员的利益。此外，关于未成年人法律诉求的和解也常常需要法院核准。

第五节　解释和解

一般来说，解释和解协议仅限于协议术语。通常，为了展示协议不完整、事实陈述部分不准确、先决条件未满足、解约条件并已经发生或未发生、协议意在影响第三方或明确的对价未被接受，是允许使用外部证据的。此外，外部证据还可用于表明协议支持了对未成年人权利诉求的排除，或是以其他方式违反了公共政策。

当协议包含通用语言时，哪一诉求会被排除通常取决于当事人的意图。意图可能要根据协议使用的语言以及协议达成的环境去判断。而通用语言常受制于专用语言。然而，如果通用语言表明协议的主要目的是一般性免除时，它就很可能控制解释。由于源于单一诉因的索赔不能成为不同诉讼的标的，因此如果特定索赔未被涉及，那将会被认为全部免除。当诉讼作为整体被免除时，则所有索赔常会暗含其中。

通常，当事人会愿意免除人身损害索赔而不是与之相关的财产损失索赔。在这种情况下，财产损害索赔就应当专门从和解协议中320 排除。如果有分别针对一般索赔和特定索赔的对价提出，那么一般免除将会因此受到影响。

一般来说，合同法原则适用于和解协议与免除。与其他合同类似，妥协议是由有效的要约和承诺构成。承诺必须在要约做出的合理期限内做出。承诺可以是默示的。例如，保留全额的货币结算义务或保留支票或汇票。然而，延期起诉本身并不构成要约或是对妥协的承诺，除非这种意思已明确告知对方当事人。

关于对价方面的一般规则也可原封不动地适用于和解协议。协议对价会在对所要求数额的妥协中以及对纠纷索赔的撤回中被发现。如果当事人善意地相信存在有效索赔，那么即便事后发现并不存在任何法律索赔主张，也无法令妥协无效。

一般而言，规制合同的冲突法原则也适用于和解协议。因此，妥协协议缔结地所在州的法律，一般都可对妥协的有效性以及解释问题进行规制。授权问题则可能受某方当事人所定居的州或代理合同缔结地所在州的法律规制。而与妥协协议违约的相关事项，则一321 般由履约行为地所在州的法律规制。

因为妥协可能对当事人的前合同义务产生重大影响，所以关于妥协的某些方面可能要由义务创设行为地所在州的法律规制，侵权索赔和解尤其如此。在侵权情况下，将可能适用侵权行为发生地的法律。

第六节 谈判结果的公平

第一章第八节中自我测试四所提出的关于谈判结果如何不公平的问题也应当处理。对于这个问题，律师一定不能只考虑个人偏好。作为专业人士，律师要受到现行伦理规则和法律的约束。在何种程度上，这些渊源给律师施加了致力于公平并在法律谈判中考量更广泛的社会、司法以及经济利益的义务？律师能否依赖职业伦理规范所施加的公平义务？

《律协标准守则》和《律协标准规则》就谈判中的可接受目标提供了一系列观点。然而，所有这些渊源都没能解决为实现最佳可能结果与和解在客观上可能对某方当事人"不公"的这一利害冲突。换言之，人们普遍认为，法律谈判者不能仅仅依赖**最低的**职业伦理标准去限制当事人实现最佳可能和解的尝试，即便这对某方当事人是不公平的。

当然，很多律师会乐意接受艾尔文·鲁宾（Alvin Rubin）法官在《律师谈判伦理随笔》（*A Causerie on Lawyer's Ethics in Negotiation*）这篇富有洞见的文章中的主张：存在这样一条界线，讲道德的律师都不会超越于此而接受某种对对方"完全不公"或是"不合情理"的安排，而无论双方在谈判实力或技巧上有多大差异。当某个时刻所造成的伤害表现出过大的"价值牺牲"，或是交易条件好得令人无法相信时，往往都是骗局。从一方谈判者视角所引发的问题，另一方谈判者则可能在不同点上划定界线并发自内心地认为

322

职业伦理规则并未因此遭到违反。

法律本身确实对不公平的谈判事务或和解提供了一些限制。然而，正如威廉姆斯教授指出的那样，法律仅仅在极端情况下有用。根据法律，撤销极端不公平协议或和解的套路，一般是把重点放在达成不公平结果——例如强制、不当威胁、歪曲或欺诈——的手段之上。

"损害过半"（lesion beyond moiety）原则是一个强调客观结果而非手段的著名例外。该原则在《路易斯安那民法典》（*Louisiana Civil Code*）第 2589 ~ 2600 条中得以体现：如果一宗土地（不动产）销售的卖家在销售或购买选择权获得认可时已"遭受了超过土地公平市值一半以上的损失"，那么无论何种情况该宗土地销售都是可撤销的。

当没有利用不当方法诱使对方律师或客户同意那些属于法律管控的不公平或有害条款时，此时的主要问题就是道德问题。此外，在商业语境下，还会有商业意识问题。如果交易在未来很可能引起进一步的困难或不佳状态，客户是否还想做这笔交易呢？一个普遍观点是，传统商业智慧认为，如果合同不对双方有利，那么就不会对任何一方有利。

在这种情况下，进一步的行动方案对法律谈判者而言是开放的。根据职业伦理规则，律师要与客户商量并表达他对协议草案在道德和实践方面的担忧。如果谈判者对这些情况极为意气用事，那么一般认为只要谈判者在不损害客户利益的前提下就可从中抽身。当然，对于众多供职于律师事务所的律师而言，要走到这一步可能很难。

然而，法律可能不允许谈判者破坏或公然抗议协议。换言之，律师的选择仅仅涉及他个人。一方面，如果客户**在法律上有权**坚持断定律师所认为的是不公平交易，那么律师就没有妨害已有安排的自由。另一方面，如果律师从中抽身不会损害客户利益，那么他就可以这样做。

第七节　妥协与和解协议的瑕疵 324

当和解协议的有效性遭受挑战时，法院通常主张支持谈判和解的一般政策。法院一贯坚持，和解与息讼是最重要的公共利益，而支持妥协与和解也是一项重要的法律政策。与诉讼相比，和解具有显而易见的益处，而这正是该政策的基础。和解降低了法律成本，为当事人和法院节省时间，并更利于实现皆大欢喜的目标以及维护当事人间的未来关系。

为了支持这一政策，即便和解协议在表述上存在轻微瑕疵，法院也常会强化其实施。而且，为了维护和解，法院还常会对法律规则做广义解释。然而，支持和解协议的政策也要与其他公共政策考量相互权衡。欺诈、歪曲、误解是令和解协议无效的最常见理由，特别是当承保人在侵权索赔和解中出现上述情形时，更是如此。当受害方因误导而以比实际损害费用低得多的数额达成和解时，公共政策就会要求审查和解并可能对其予以撤销。

此外，由于和解协议被视为合同，因此其效力还会基于其他传
统合同事由遭到挑战。其中包括违法、强迫、不当影响、不确定或 325
模糊性、缺乏行为能力或授权以及公共政策。然而，要想影响合同效力，瑕疵必须与妥协协议而不是与先行诉求相关。

一个值得特别关注的领域涉及共同侵权人、损害分摊以及所谓的玛丽·凯特协议。共同侵权人问题始于普通法的这一规则：豁免一位共同侵权人即豁免所有侵权人。这一规则建立在如下原理之

上，即某人仅有权就一项索赔受偿一次，且从某一侵权人处受偿就会豁免其他侵权人。这一规则促进了约定不起诉的发展。在这种约定中，受害方会与侵权人缔结不予起诉的合同，作为报答，受害方会获得和解赔偿。因为没有做出正式豁免，所以法院常认定约定不起诉并不能免除其他共同侵权人的责任。

《统一侵权责任分摊法》（*The Uniform Contribution Among Tortfeasors Act*）废除了普通法上的豁免规则，并允许侵权人进行责任分摊。在采取该法案的那些州中，豁免某一侵权人并不意味豁免其他共同侵权人。然而，从其他被告处获得的可受偿金额会按照比例减少以至于原告实际上只接受了一项受偿。

326 在涉及单一原告与多名被告的情形时，会有一个特别麻烦的问题。当一名或多名被告同意与原告以保证金额和解时，就会以反比关系减少原告从剩余被告处的可受偿金额。虽然这一标准形式存在诸多变种，但是原告所能够确定获得赔偿的总是某一特定金额（通常会预先支付给原告），而被告的责任则明显受到了限制。

这些和解协议分别被称为保证裁判协议、玛丽·卡特协议［在布兹诉玛丽·卡特涂料公司案（*Booth v. Mary Carter Paint Co.*，1967）之后］或是加拉格契约［在图森市诉加拉格案（*The City of Tucson v. Gallagher*，1972）之后］，且它们都引发了一些问题。通常，除非结案，否则被告始终是诉讼的一部分。同时，他们的兴趣会从限制原告受偿转变为增加它。因为其存在潜在滥用的可能，因此不少学者都强烈反对这类协议，而很多州也都宣布这类协议因与公共政策抵触而无效。所有法院至少会要求当事人在一定程度上向陪审团披露这些协议。然而，一些法院则允许协议包含有损于其他被告的信息，从而限制披露要求的作用。因此，如果协议已被知悉，那么它会被允许引起陪审团的关注。

在通用汽车公司诉拉霍奇 (*General Motors Corp. v. Lahocki*, 1980) 一案中就出现过这样的一种协议。原告在驾驶一辆通用货车时，撞上了由被告孔蒂砂石公司 (Gontee Sand and Gravel, Inc.) 放置在快车道上的不带荧光的木质路障，于是他被甩至街上并导致脊椎骨折。拉霍奇以孔蒂公司和通用公司存在过失起诉了它们，并声称通用公司的货车 "不防撞"。在庭审前，孔蒂公司与拉霍奇达成支付 150 000 美元的协议，除非：①如果根据判决，孔蒂公司按比例承担的数额超过 150 000 美元，那么孔蒂公司将支付 250 000 美元；②如果最终判决仅仅对通用公司不利，那么孔蒂公司则无需向拉霍奇支付分文，即便拉霍奇与通用公司嗣后再形成和解；③如果拉霍奇与通用公司就案件和解，那么孔蒂公司则只需向拉霍奇支付 100 000 美元。

327

这一协议将孔蒂公司所可能承担的责任限制在 250 000 美元之内。如果最后认定仅由通用公司负责或是如果通用公司与拉霍奇达成和解，那么孔蒂公司将 "全身而退"，这使得孔蒂公司证明仅由通用公司承担责任极为有利。如果通用公司不负责任，那么孔蒂公司也只负债 150 000 美元。法官得知了这份协议，然而陪审团并没有。由于这一协议，孔蒂公司会因经济利益驱使而帮助原告，并令其在对抗诉讼中发生立场反转，而陪审团对于这些却一无所知。因此，孔蒂公司为拉霍奇支付了专家证人费，而这一证据对通用公司不利。由于孔蒂公司表面看起来还是被告，因此它的律师有权交叉询问拉霍奇的证人。这样一来，孔蒂公司的律师就只是让拉霍奇的证人重复不利于通用公司的损害信息而弥补了拉霍奇的律师所遗留下的瑕疵。由于没有意识到孔蒂公司的立场转变，陪审团最后裁定，仅由通用公司承担责任，并裁定其赔偿拉霍奇 1 200 000 美元（以及赔偿拉霍奇妻子 3000 美元）。

328 　　马里兰州上诉法院撤销了这一判决。出于顺应某些州的趋势，法院认定，这种协议在本质上并非有损于公共利益。但是，它们应当向陪审团披露以使得案件得以正确评估。

第八节　最终支付

　　当与对方达成和解后，律师应当格外留心解释和解实收款项的最终支付。即便这些问题已经有所解释并已纳入到签署的代表协议之中（正如它们应当的那样），律师仍需就费用安排和费用折扣再次提醒客户。

第九节　谈判后的自我分析

　　从谈判经验中吸取教训的一种方法是展开谈判后的"自我分析"。在《谈判实践指南》（*A Practical Guide to Negotiation*）中，格恩西提供了一些非常好的自我分析问题，其中包括：

- "你实现目标了吗？为什么？"
- "你是否按照自身想法为谈判奠定基调？为什么？"
- "你控制了议程吗？为什么？"
- "你查明了你所需要数量的信息了吗？为什么？"
- "你是否披露了过多信息？为什么？"

329
- "你是否未能披露你应当披露的信息？为什么？"
- "如果你拒绝和解，那么基于这个特定谈判情境是否恰当？为什么？"
- "如果你陷入僵局，什么可令你打破僵局？为什么？"
- "哪一件事是你会在谈判中进行不同处理的？为什么？"

第十节 结 论

至此，你已对谈判过程之始终有了概览。常言道，谈判必定不只是一门科学，它还是一门"艺术"。当某人对不得不运用的资料、必须做出的选择以及可能适用的模式有所认识，他就可以提高自身的"艺术水平"。

你也看到了，存在一些基本的策略和模式可供选择。优秀的法律谈判者会自觉做出选择。因此，当你要参与法律谈判时，务必先充分准备。决定策略和模式，但又有弹性。这种准备会增加你的自信。

对法律谈判中发生的事情保持敏锐洞察，从谈判之始就分析对手采取的策略和模式。根据高标准的职业伦理要求行事，做到诚实可信。遵守特定地域的律师界以及专业法律人员在实践中的非正式习俗和惯例。做到善于提问、富有创意、多才多艺、随机应变。当 330 谈判过程随着时间推移不断发展时，重新评估客户利益的轻重缓急与需求。利用新信息再次评估客户谈判协议最佳替代。在整个谈判过程中，始终与客户共事。请记住，尤里在《拒绝突破》中所说的话，陷入混乱需要两个人都陷入混乱，而要解决棘手问题，则只需始于一人。最重要的是，保持自我反思并从自身经验中汲取教训。

案例表

Booth v. Mary Carter Paint Co. , 202 So. 2d 8 (Fla. Ct. App. 1967), 基于其他理由被推翻, Ward v. Ochoa, 284 So. 2d 385 (Fla. 1973), 326

Chodos v. Insurance Co. of N. Am. , 126 Cal. App. 3d 86, 178 Cal. Rptr. 831 (1981), 262

某市（城市名）

行政长官诉_____（参见对方当事人）

Davies v. Canco Enter. , 350 So. 2d 23 (Fla. Ct. App. 1977), 315

Decato's, *In re*, 117 N. H. 885, 379 A. 2d 825 (1977), 281

Fishman v. Brooks, 396 Mass. 643, 487 N. E. 2d 1377 (1986), 12

General Motors Corp. v. Lahocki, 286 Md. 714, 410 A. 2d 1039 (1980), 326

Glenshaw Glass Co. , Commissioner v. , 348 U. S. 426, 75 S. Ct. 473, 99 L. Ed. 483 (1955), 164

关于（参见当事人名称）

Jamestown Farmers Elevator, Inc. v. General Mills, Inc. , 552 F. 2d 1285 (8th Cir. 1977), 283

Kothe v. Smith, 771 F. 2d 667 (2d Cir. 1985), 317

制定法、程序法、职业伦理、法条重述的列表

联 邦

《美国宪法》

《美国法典评注》

《美国民事诉讼法》

《美国刑事诉讼法》

《联邦证据规则》

法条重述

参考文献与资料

ABA/BNA LAWYERS'MANUAL ON PROFESSIONAL CONDUCT (2014).

MARJORIE CORMAN AARON, CLIENT SCIENCE: ADVICE FOR LAWYERS ON COUNSELING CLIENTS THROUGH BAD NEWS AND OTHER LEGAL REALITIES (2012).

Frank L. Acuff & Maurice Villere, *Games Negotiators Play*, BUS. HORIZONS, Feb. 1976.

Robert S. Adler & Elliot M. Silverstein, *When David Meets Goliath: Dealing with Power Differentials in Negotiation*, 5 HARV. NEGOT. L. REV. 1 (2000).

Cecilia Albin, *The Role of Fairness in Negotiations*, 9 NEGOT. J. 223 (1993).

7 AM. JUR. 2D *Attorneys at Law* §§ 168 – 171, 201, 206, 214 – 219 (2007).

15B AM. JUR. 2D *Compromise and Settlement* §§ 3 – 42 (2001).

29 AM. JUR. 2D *Evidence* §§ 639 – 642 (2008).

51 AM. JUR. 2D *Limitation of Actions* §§ 365, 369 (2011).

ROBERT M. BASTRESS & JOSEPH D. HARBAUGH, INTERVIEWING, COUNSELING, AND NEGOTIATING: SKILLS FOR EFFECTIVE REPRESENTATION (1990).

MAX H. BAZERMAN & MARGARET A. NEALE, NEGOTIATING RATIONALLY (1992).

GARY BELLOW & BEA MOULTON, THE LAWYERING PROCESS: NEGOTIATION (1981).

DAVID A. BINDER ET AL. , LAWYERS AS COUNSELORS: A CLIENT-CEN-
TERED APPROACH (1991).

DAVID A. BINDER ET AL. , LAWYERS AS COUNSELORS: A CLIENT-CEN-
TERED APPROACH (3d ed. 2012).

DAVID A. BINDER & SUSAN PRICE, LEGAL INTERVIEWING AND COUNSEL-
ING: A CLIENT-CENTERED APPROACH (1977).

Richard Birke & Craig R. Fox, *Psychological Principles of Negotiating Civil Settle-
ments*, 4 HARV. NEGOT. L. REV. 1 (1999).

Wayne D. Brazil, *Protecting the Confidentiality of Settlement Negotiations*, 39 HAS-
TINGS L. J. 955 (1988).

BILL CARTER, THE LATE SHIFT: LETTERMAN, LENO, AND THE NETWORK
BATTLE FOR THE NIGHT (1994).

HERB COHEN, YOU CAN NEGOTIATE ANYTHING (1980).

Jonathan R. Cohen, *Advising Clients to Apologize*, 72 S. CAL. L. REV. 109
(1999).

Robert J. Condlin, *"Cases on Both Sides": Patterns of Argument in Legal Dispute-Ne-
gotiation*, 44 MD. L. REV. 65 (1985).

CHARLES B. CRAVER, EFFECTIVE LEGAL NEGOTIATION AND SETTLE-
MENT, 14 A. B. A. COURSE MATERIALS J. 7 (1989).

CHARLES B. CRAVER, EFFECTIVE LEGAL NEGOTIATION AND SETTLE-
MENT, (5th ed. 2005).

CHARLES B. CRAVER, SKILLS AND VALUES: LEGAL NEGOTIATING (2d ed.
2012).

STUART DIAMOND, GETTING MORE: HOW TO NEGOTIATE TO ACHIEVE
YOUR GOALS IN THE REAL WORLD (2010).

DAN B. DOBBS, LAW OF TORTS (2000).

DAN B. DOBBS, HANDBOOK ON THE LAW OF REMEDIES: DAMAGES-EQUI-
TY-RESTITUTION (2d ed. 1993).

JOHN PATRICK DOLAN, NEGOTIATE LIKE THE PROS (1992)（与职业生涯录像）.

HARRY T. EDWARDS & JAMES J. WHITE, THE LAWYER AS A NEGOTIATOR (1977).

Eunice A. Eichelberger, Annotation, *Authority of Attorney to Compromise Action-Modern Cases*, 90 A. L. R. 4TH 326 (1991).

Eunice A. Eichelberger, Annotation, *Ratification of Attorney's Unauthorized Compromise of Action*, 5 A. L. R. 5TH 56 (1993).

EXECUTIVE REPORTS CORP. , WINNING BEFORE TRIAL: HOW TO PREPARE CASES FOR THE BEST SETTLEMENT OR TRIAL RESULT (1974).

David B. Falk, *The Art of Contract Negotiation*, 3 MARQ. SPORTS L. J. 1 (1992).

Donald C. Farber, *Common-Sense Negotiation: How to Win Gracefully*, A. B. A. J. , Aug. 1987, at 92.

ROGER FISHER & WILLIAM URY, GETTING TO YES: NEGOTIATING AGREEMENT WITHOUT GIVING IN (1981).

Roger Fisher, *Negotiating Power: Getting and Using Influence*, 27 AM. BEHAV. SCI. , Nov. /Dec. 1983, at 149.

Roger Fisher et al. , *Negotiation Power: Ingredients in an Ability to Influence the Other Side*, in NEGOTIATION: STRATEGIES FOR MUTUAL GAIN 3 – 13 (Lavina Hall ed. , 1993).

ROGER FISHER & DANIEL SHAPIRO, BEYOND REASON: USING EMOTIONS AS YOU NEGOTIATE (2005).

HARROP A. FREEMAN & HENRY WEIHOFEN, CLINICAL LAW TRAINING: INTERVIEWING AND COUNSELING (1972).

JAMES C. FREUND, SMART NEGOTIATING: HOW TO MAKE DEALS IN THE REAL WORLD (1992).

Donald G. Gifford, *The Synthesis of Legal Counseling and Negotiation Models: Preserving Client-Centered Advocacy in the Negotiation Context*, 34 UCLA L. REV. 811 (1987).

DONALD G. GIFFORD, LEGAL NEGOTIATION: THEORY AND APPLICATIONS (1989).

RICHARD A. GIVENS, ADVOCACY: THE ART OF PLEADING A CAUSE (2d ed. 1985).

RICHARD A. GIVENS, ADVOCACY: THE ART OF PLEADING A CAUSE (3d ed. 1992).

ALVIN L. GOLDMAN, SETTLING FOR MORE: MASTERING NEGOTIATING STRATEGIES AND TECHNIQUES (1991).

Thomas F. Guernsey, *Truthfulness in Negotiation*, 17 U. RICH. L. REV. 99 (1982).

THOMAS F. GUERNSEY, A PRACTICAL GUIDE TO NEGOTIATION (1996).

Chris Guthrie, *Principles of Influence in Negotiation*, 87 MARQ. L. REV. 829 (2004).

Chris Guthrie & David Sally, *The Impact of the Impact Bias on Negotiation*, 87 MARQ. L. REV. 817 (2004).

Steven Hartwell, *Understanding and Dealing with Deception in Legal Negotiation*, 6 OHIO ST. J. ON DISP. RES. 171 (1991).

ROGER S. HAYDOCK, NEGOTIATION PRACTICE (1984).

Geoffrey C. Hazard, Jr., *The Lawyer's Obligation to Be Trustworthy When Dealing With Opposing Parties*, 33 S. C. L. REV. 181 (1981).

G. NICHOLAS HERMAN ET AL., LEGAL COUNSELING AND NEGOTIATION: A PRACTICAL APPROACH (2001).

Norbert Jacker, *Negotiation Techniques for the Trial Advocate* (1983) (录像).

CHESTER L. KARRASS, EFFECTIVE NEGOTIATING: WORKBOOK AND DISCUSSION GUIDE (n. d.).

CHESTER L. KARRASS, GIVE & TAKE: THE COMPLETE GUIDE TO NEGOTIATING STRATEGIES AND TACTICS (rev. ed. 1993).

CHESTER L. KARRASS, "IN BUSINESS AS IN LIFE-YOU DON'T GET WHAT

YOU DESERVE, YOU GET WHAT YOU NEGOTIATE" (1996).

CHESTER L. KARRASS, THE NEGOTIATING GAME: HOW TO GET WHAT YOU WANT (rev. ed. 1992).

ROBERT E. KEETON, INSURANCE LAW (1971).

W. PAGE KEETON ET AL. , PROSSER & KEETON ON TORTS (5th ed. 1984).

Russell Korobkin, *A Positive Theory of Legal Negotiation*, 88 GEO. L. J. 1789 (2000).

A. E. Korpela, Annotation, *Admissibility of Admissions Made in Connection with Offers or Discussions of Compromise*, 15 A. L. R. 3D 13 (1967).

WAYNE R. LAFAVE & AUSTIN W. SCOTT, JR. , CRIMINAL LAW (2d ed. 1986).

WAYNE R. LAFAVE, CRIMINAL LAW (4th ed. 2003).

DAVID A. LAX & JAMES K. SEBENIUS, THE MANAGER AS NEGOTIATOR: BARGAINING FOR COOPERATION AND COMPETITIVE GAIN (1986).

Legal Malpractice-Attorney's Unreasonable Settlement or Failure to Settle Client's Case, 26 AM. JUR. PROOF OF FACTS 2D 703 (1981).

ROY J. LEWICKI ET AL. , NEGOTIATION: READING, EXERCISES, AND CASES (3d ed. 1999).

DAVID V. LEWIS, POWER NEGOTIATING TACTICS AND TECHNIQUES (1981).

Gary T. Lowenthal, *A General Theory of Negotiation Process, Strategy and Behavior*, 31 U. KAN. L. REV. 69 (1982).

David Luban, *Paternalism and the Legal Profession*, 1981 WIS. L. REV. 454.

Susan R. Martyn, *Informed Consent in the Practice of Law*, 48 GEO. WASH. L. REV. 307 (1980).

BERNARD MAYER, THE CONFLICT PARADOX: SEVEN DILEMAS AT THE CORE OF DISPUTES (2015).

Suzanne J. McKinley & Carol A. Gosselink, *What You Don't Say Says It All*, COMMUNICATORS J. , May/June 1983.

MICHAEL MELTSNER & PHILLIP G. SCHRAG, PUBLIC INTEREST ADVOCA-
CY: MATERIALS FOR CLINICAL LEGAL EDUCATION (1974).

Carrie Menkel-Meadow, *Toward Another View of Legal Negotiation: The Structure of
Problem Solving*, 31 UCLA L. REV. 754 (1984).

ROBERT H. MNOOKIN ET AL., BEYOND WINNING: NEGOTIATING TO CRE-
ATE VALUE IN DEALS AND DISPUTES (2000).

Robert H. Mnookin, *Strategic Barriers to Dispute Resolution: A Comparison of Bilater-
al and Multilateral Negotiations*, 8 HARV. NEGOT. L. REV. 1 (2003).

MODEL CODE OF PROFESSIONAL RESPONSIBILITY (AM. BAR ASS'N 1981).

MODEL RULES OF PROFESSIONAL CONDUCT (AM. BAR ASS'N 1983).

Janice Nadler, *Rapport in Negotiation and Conflict Resolution*, 87 MARQ. L. REV.
875 (2004).

Margaret A. Neale & Max H. Bazerman, *The Role of Perspective-Taking Ability in
Negotiating Under Different Forms of Arbitration*, 36 INDUS. & LAB. REL. REV.
378 (1983).

NEGOTIATION EXCELLENCE: SUCCESSFUL DEAL MAKING (2d ed. Michael
Benoliel ed. 2015).

GERALD I. NIERENBERG, FUNDAMENTALS OF NEGOTIATING (1973).

GERALD I. NIERENBERG, THE COMPLETE NEGOTIATOR (1986).

Gerald I. Nierenberg & Henry H. Calero, *Meta-Talk: The Art of Deciphering Every-
day Conversation*, MBA MAG., Jan. 1984.

Gregory B. Northcraft & Margaret A. Neale, *Experts, Amateurs, and Real Estate: An
Anchoring-and-Adjustment Perspective on Property Pricing Decisions*, 39 ORG. BE-
HAV. & HUM. DECISION PROCESSES 84 (1987).

Eleanor Norton, *Bargaining and the Ethic of Process*, 64 N.Y.U. L. REV. 493
(1989).

Rex. R. Perschbacher, *Regulating Lawyers'Negotiations*, 27 ARIZ. L. REV. 75
(1985).

PERSONAL INJURY VALUATION HANDBOOKS (LRP Publications).

Geoffrey M. Peters, *The Use of Lies in Negotiation*, 48 OHIO ST. L. J. 1 (1987).

DEAN G. PRUITT, NEGOTIATION BEHAVIOR (1981).

DEAN G. PRUITT & JEFFREY Z. RUBIN, SOCIAL CONFLICT: ESCALATION, STALEMATE AND SETTLEMENT (2d ed. 1993).

Neil Rackham & John Carlisle, *The Effective Negotiator: The Behavior of Successful Negotiators*, (pts. 1 & 2), 2 J. EUR. INDUS. TRAINING, No. 1, at 6, No. 7, at 2 (1978).

HOWARD RAIFFA, THE ART AND SCIENCE OF NEGOTIATION (1982).

James L. Regelhaupt, Jr. , Annotation, *Legal Malpractice in Settling or Failing to Settle Client's Case*, 87 A. L. R. 3D 168 (1978).

Peter Reilly, *Was Machiavelli Right? Lying in Negotiation and the Art of Defensive Self-Help*, 24 OHIO ST. J. ON DISP. RESOL. 3 (2009).

Alvin B. Rubin, *A Causerie on Lawyers'Ethics in Negotiation*, 35 LA. L. REV. 577 (1975).

JEFFREY Z. RUBIN & BERT R. BROWN, THE SOCIAL PSYCHOLOGY OF BARGAINING AND NEGOTIATION (1975).

TOM RUSK, THE POWER OF ETHICAL PERSUASION: FROM CONFLICT TO PARTNERSHIP AT WORK IN PRIVATE LIFE (1993).

Jeswald W. Salacuse, *Ten Ways that Culture Affects Negotiating Style: Some Survey Results*, 14 NEGOT. J. 221 (1998).

Gregory G. Sarno, Annotation, *Adequacy of Defense Counsel's Representation of Criminal Client Regarding Plea Bargaining*, 8 A. L. R. 4TH 660 (1981).

MARK K. SCHOENFIELD & RICK M. SCHOENFIELD, LEGAL NEGOTIATIONS: GETTING MAXIMUM RESULTS (1988).

NANCY L. SCHULTZ & LOUIS J. SIRICO, JR. , LEGAL WRITING AND OTHER LAWYERING SKILLS (6th ed. 2014).

STEPHEN C. SIEBERSON & BRUCE A. KING, INTERNATIONAL BUSINESS CON-

TRACTING: THEORY AND PRACTICE (2015).

G. Richard Shell, *Opportunism and Trust in the Negotiation of Commercial Contracts*: *Toward a New Cause of Action*, 44 VAND. L. REV. 221 (1991).

G. RICHARD SHELL, BARGAINING FOR ADVANTAGE: NEGOTIATION STRAT-EGIES FOR REASONABLE PEOPLE (1999).

JOSEPH SINDELL & DAVID SINDELL, LET'S TALK SETTLEMENT (1963).

DONALD B. SPARKS, THE DYNAMICS OF EFFECTIVE NEGOTIATION (1982).

Mark Spiegel, *Lawyering and Client Decision Making: Informed Consent and the Legal Profession*, 128 U. PA. L. REV. 41 (1979).

Robert S. Summers, *"Good Faith" in General Contract Law and the Sale Provisions of the Uniform Commercial Code*, 54 VA. L. REV. 195 (1968).

DIANA TRIBE, NEGOTIATION (1993).

David M. Trubeck et al. , *The Costs of Ordinary Litigation*, 31 UCLA L. REV. 72 (1983).

WILLIAM URY, GETTING PAST NO: NEGOTIATING WITH DIFFICULT PEOPLE (1991).

Video Arts, *From "No" to "Yes": The Constructive Route to Agreement* (1988) (录像).

JACK B. WEINSTEIN ET AL. , WEINSTEIN'S EVIDENCE RULE 408, 409, 410 (1996).

Amy Deen Westbrook, *Enthusiastic Enforcement*, *Informal Legislation: The Unruly Expansion of the Foreign Corrupt Practices Act*, 45 GA. L. REV. 489 (2011).

James J. White, *Machiavelli and the Bar: Ethical Limitations on Lying in Negotiation*, 1980 AM. B. FOUND. RES. J. 926.

GERALD R. WILLIAMS, EFFECTIVE NEGOTIATION AND SETTLEMENT (1981).

GERALD R. WILLIAMS, LEGAL NEGOTIATION AND SETTLEMENT (1983).

Gerald R. Williams, *Style and Effectiveness in Negotiation*, in NEGOTIATION: STRATEGIES FOR MUTUAL GAIN 151 - 74 (Lavina Hall ed. , 1993).

Gerald R. Williams, *Negotiation as a Healing Process*, 1996 J. DISPUTE RES. 1.

CHARLES W. WOLFRAM, MODERN LEGAL ETHICS (1986).

CHARLES A. WRIGHT ET AL., FEDERAL PRACTICE AND PROCEDURE: CIV-
IL 3D §§ 1797, 1797. 1 (3d ed. 2005).

BOB WOOLF, FRIENDLY PERSUASION: MY LIFE AS A NEGOTIATOR (1990).

索　引

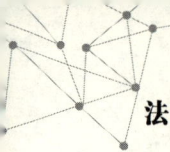

与警告，284

TIME，时间，时机

See also Deadlines and Ultimatums,
还可见截止期限和最后通牒；
Stages of Negotiation，谈判阶段

Acceptance of offer within a reasonable
time，在合理期限内接受要约，320

Argument spacing，论证间距，224

Caucusing to gain time to think，召开会
议换取思考时间，309

Cultural sensitivity, differing，对时间的
文化敏感度差异，30

Energy cycles of negotiators，谈判者的
能量圈，193

Entrapment, irrational commitment of
time，因时间而做出不理性承诺的
陷阱，285

"Funny money"，有趣的钱，228

Future meeting time, setting before close
of current session，在当下会议结束
前确定之后会议的时间，288

General considerations，一般考量，192

Jet lag, affecting negotiations，时差对
谈判的影响，193

Labor-management required to meet at
reasonable times，劳资双方应当在合

理期限内会谈，25

Leverage, time as an important factor,
时间作为重要的影响因素，139,140

Needs and objectives, changing over，需
求与目标随着时间而变化，91

Objective standards, using to save time,
利用客观标准节省时间，301

Power relationships, changing over time,
实力关系随着时间而变化，138

Pressures，压力，293

Affecting power，影响力，140

Beneficial aspects，有利方面，294

Casual conversations, using to find out,
利用闲谈发现对手的压力，236

Effect on concession making，压力对妥
协的影响，293

Lack of，缺乏压力，224,293

Sources of，压力源，267,294

Preliminary negotiations concerning，预
备谈判的时间方面，187

Saved, benefit of settling，和解在节省
时间上的好处，2,10,324

Scarcity principle，稀缺性原则，294

Spent by lawyers in practice negotiating,
律师在谈判上花的时间，2

Statutes of limitations，诉讼时效，40

Time chart, in negotiation notebook，谈
判笔记本上的时间表，181

声　明　　1. 版权所有，侵权必究。

　　　　　2. 如有缺页、倒装问题，由出版社负责退换。

图书在版编目（ＣＩＰ）数据

　法律谈判简论/(美)拉里·特普利著；陈曦译. —北京：中国政法大学出版社，2017. 11

　ISBN 978-7-5620-7821-0

　Ⅰ.①法…　Ⅱ.①拉…　②陈…　Ⅲ.①法律－谈判－研究　Ⅳ.①D90-055

　中国版本图书馆CIP数据核字(2017)第266164号

出 版 者　　中国政法大学出版社

地　　址　　北京市海淀区西土城路 25 号

邮寄地址　　北京 100088 信箱 8034 分箱　邮编 100088

网　　址　　http://www.cuplpress.com（网络实名：中国政法大学出版社)

电　　话　　010-58908289(编辑部) 58908334(邮购部)

承　　印　　固安华明印业有限公司

开　　本　　880mm×1230mm　1/32

印　　张　　9. 75

字　　数　　240 千字

版　　次　　2017 年 11 月第 1 版

印　　次　　2017 年 11 月第 1 次印刷

定　　价　　42. 00 元